Weihrauch

Weihrauch

Weihrauch selber herstellen
Die schönsten Rezepte und Anwendungen

Erna Droesbeke

IRIS

Die Originalausgabe erschien unter dem Titel
Werken met Wierook
bei Uitgeverij Schors, 1997, Amsterdam, Niederlande

Die Ratschläge in diesem Buch würden vom Autor und vom Verlag sorgfältig erwogen und geprüft, dennoch kann eine Garantie nicht übernommen werden. Eine Haftung des Autors bzw. des Verlags und seiner Beauftragten für Personen-, Sach- und Vermögensschäden ist ausgeschlossen.

Übersetzung: Linda Gräfe
Lektorat: Agnes Voswinkel
Umschlaggestaltung: Studio Paul Pollmann
Layout: Seàn Mallon

ISBN 90 76274 118

Inhalt

Einleitung

Das vorliegende Arbeitsbuch ist ein praktischer Leitfaden der Anwendung von Weihrauch. Obwohl Weihrauch schon seit vielen tausend Jahren verwendet wird, begeistern sich gerade in den letzten Jahren zunehmend mehr Menschen für ihn, und inzwischen ist seine Verwendung im täglichen Leben für viele eine Selbstverständlichkeit geworden.

Weihrauch stammt meistens aus Afrika und dem Fernen Osten. In diesen Gebieten wird Weihrauch nicht nur als »Wohlgeruch« oder Parfüm verwendet, man spricht ihm dort auch therapeutische Kräfte zu, die sowohl den Körper als auch den Geist beeinflussen. In unserer westlichen Kultur kam Weihrauch anfänglich fast ausschließlich bei christlichen und heidnischen Riten zur Anwendung. Heutzutage wird Weihrauch jedoch auch bei uns vielfältig verwendet, und er ist fast überall erhältlich, nicht nur in Chinaläden, sondern auch im Supermarkt, in Esoterikläden, Buchhandlungen und Kaufhäusern. Das Wissen, das man zur Herstellung von Weihrauch benötigt, ist dank alter Überlieferungen und Traditionen erhalten geblieben und hat sich im Laufe der Jahre ständig weiterentwickelt.

Im folgenden steht der Einfluß, den Weihrauch auf die Psyche ausübt, im Mittelpunkt. Zwischen dem Riechen und »Erfahren« eines Duftes, und dem Einfluß eines bestimmten Duftes auf die Psyche und das Unterbewußtsein besteht eine subtile Wechselwirkung. Dies ist ein Arbeitsbuch für alle Bereiche, wobei die praktische Anwendung von Weihrauch im Vordergrund steht. Mit Weihrauch können wir bestimmte Energien und Kräfte aus dem Unterbewußtsein und der Welt der höhersinnlichen Wahrnehmung anziehen, die wir für vielerlei Zwecke einsetzen können.

In diesem Buch werden 60 Weihraucharten ausführlich behandelt. Außerdem beschäftigen wir uns eingehend mit der Geschichte des Weihrauchs und seiner Herkunft, seiner Bedeutung in früheren Zeiten sowie den Möglichkeiten, die die Verwendung von Weihrauch uns heutzutage bietet. Wer wirklich kreativ sein und seinen eigenen, persönlichen Weihrauch selbst herstellen will, kann dies mit Hilfe einfacher Rezepturen realisieren. Wir gehen auch darauf ein, zu welchen verschiedenen Zwecken »selbstgemachte« Weihrauch angewendet werden kann.

Darüber hinaus spielt auch die Astrologie eine wichtige Rolle. Die Astrologie geht ja davon aus, daß die Planeten Einfluß auf die Menschen ausüben, eine Auffassung, die auch auf Weihrauch zutrifft. Darum bestehen zwischen diesen zwei »Fachgebieten« auch viele Wechselbeziehungen.

Wir haben Grund zu der Annahme, daß die meisten Käufer von Weihrauch ihn auch wirklich verwenden wollen. Wegen des umfangreichen Weihrauchsortiments ist es jedoch oft schwierig, die richtige Wahl zu treffen, und zu entscheiden, welchen Weihrauch man zu welchem Zweck erstehen sollte. Es ist natürlich gut, seiner Intuition zu vertrauen. Man braucht sich hiermit jedoch nicht zufriedenzugeben, da es viele andere erwägenswerte Faktoren gibt. Ich hoffe, daß ich Ihnen mit diesem Buch bei Ihrer Wahl behilflich sein kann.

Die Geschichte des Weihrauchs

Die Verwendung von Weihrauch ist sehr alt: schon im ägyptischen und tibetanischen Totenbuch, im altamerikanischen Popol Vuh und in der Bibel wird das Verbrennen von Weihrauch während religiöser oder magischer Zeremonien erwähnt.

In Ägypten kamen Parfüm und Weihrauch beim Einbalsamieren der Toten und bei magischen und religiösen Handlungen zur Anwendung. Insbesondere Olibanum (Boswellia Carterii) genoß hohes Ansehen; dieser Weihrauch war der wichtigste Bestandteil des rituellen Rauchopfers. Königin Hatschepsut (Neues Reich, 18. Dynastie, circa 1475 vor Christus) trieb regen Handel mit Punt, dem sagenumwobenen Land des Weihrauchs, das im heutigen Somalien lag. Die Abbildung einer Expedition in dieses Land schmückt eine der Wände ihres Totentempels in Deir el-Bahari, in der Nähe von Luxor.

Die Ägypter verbrannten drei Mal pro Tag ein Rauchopfer zu Ehren des Sonnengottes Ra. Morgens, bei Sonnenaufgang, wurde Olibanum oder eine andere Harzart verbrannt. Wenn die Sonne am Mittag ihren höchsten Stand erreicht hatte, verbrannte man Myrrhe. Abends, bei Sonnenuntergang, opferte man das berühmte Kyphi: eine Mischung, die aus sechzehn Ingredienzen bestand (die Zahl 16 war im alten Ägypten heilig).

Im Papyrus Ebers entdeckte man das Rezept dieses Weihrauchs, es sind allerdings auch andere Variationen des Kyphi im Umlauf. Laut Plutarch half Kyphi, die Alltagssorgen zu vertreiben, und schenkte den Menschen Ruhe, Gelassenheit und einen tiefen Schlaf sowie süße Träume. Weihrauch wurde in Ägypten auch während geheimer Zeremonien und rituelle Gesängen verwendet sowie beim Deklamieren heiliger Texte.

Wie in Ägypten spielte die Verwendung von Weihrauch auch in Mesopotamien eine sehr wichtige Rolle beim Totenritual. Dann kamen Zeder, Kalmus, Myrte und verschiedene aromatische Holzarten in religiösen und magischen Zeremonien zur Anwendung. Keilschrift-Tafeln,

die etwa 3000 Jahre vor unserer Zeitrechnung angefertigt wurden, erwähnen auch Parfüm- und Weihrauchrezepturen.
Das Alte Testament erwähnt das Verbrennen von Weihrauchopfern an vielen Stellen. Die alten Hebräer lernten die Anwendung des Weihrauchs in Babylonien und Ägypten kennen. Ihre ersten Weihrauchrezepturen sind angeblich durch das ägyptische Kyphi inspiriert. Die Juden verbrannten morgens und abends Weihrauch auf dem Altar des Tempels. Auch bei Blutopfern und der ersten Obsternte wurde Weihrauch geopfert. Anläßlich eines Besuchs schenkte die Königin von Scheba oder Saba, ein Landstrich, der sich vermutlich im Südwesten Arabiens befand, König Salomo eine beispiellose Menge Riechstoffe.
Im Altertum wurde reger Handel mit Weihrauch und Parfüm getrieben. Hebräische Karawanen brachten Olibanum vom Roten Meer und aus Galaad (Transjordanien), Galbanum und Storax aus Syrien, sowie Benzoe und Labdanum von der Zistrose nach Ägypten, um den kostbaren Weihrauch dort zu verkaufen. Die Ägypter interessierten sich hauptsächlich für Olibanum und Myrrhe, von denen sie große Mengen kauften.
Zur Zeit des Plinius war die Produktion des Olibanums das Monopol einiger weniger arabischer Familien. Männer, die speziell zur Ernte des Gummiharzes angeworben wurden, war es während der Dauer der Ernte verboten, Geschlechtsverkehr zu haben oder mit Toten in Berührung zu kommen.
Bei den alten Griechen spielten Weihrauch und Parfüm eine wichtige Rolle als Medium zur Kommunikation mit den Göttern. Bis zum 8. Jahrhundert vor Christus war Weihrauch dort noch unbekannt. Man kannte jedoch Rauchopfer, die aus Zedernholz, Zitronen und Rosen bestanden. Wahrscheinlich brachten die Phönizier die Verwendung von Weihrauch nach Griechenland. Dieses Händlervolk kannte sich mit Sicherheit mit Weihrauch aus, sowie mit den Rauchopfern, die der Liebesgöttin Aphrodite auf der Insel Zypern dargeboten wurden. Später wurde Weihrauch ein wichtiges Attribut beim Liebesspiel und im Eheleben. Die Griechen experimentierten mit Anis, Iris, Lilie, Majoran, Salbei und Rose. Olibanum, Zimt, Myrrhe, Narde und Safran wurden aus Ägypten, Phönizien und Syrien angeliefert. Olibanum kam aus Arabien und wurde vorwiegend bei Blutopfern verbrannt, jedoch auch zur Fernhaltung von Dämonen und bösen Geistern. Im übrigen opferte man Zeus, Demeter, Hermes und anderen Göttern Weihrauch, sowie Gebäck, Früchte, Honig und Mehl. Um die Hausgötter günstig zu stim-

men, verbrannte man vorwiegend Zedernholz, Myrte und Olibanum. Man schätzte Weihrauch, der gewöhnlich sehr kostspielig war, als ein wertvolles Geschenk.
Durch die Eroberung Ägyptens, Griechenlands und von Gebieten im Nahen Osten lernten die Römer die magischen und religiösen Praktiken der dort wohnenden Völker kennen, die verfeinerte Rauchopfer zu Ehren ihrer Götter darboten. Die Bewohner dieser Länder hatten wichtige Handelsniederlassungen gegründet, in denen sich ein reger Handel entwickelt hatte, und wo Weihrauch und Parfüm aus Indien und afrikanischen Ländern die Besitzer wechselten. Ovid schreibt, daß anläßlich des Festes der Schafhirten in Rom eine Weihrauchmischung aus Lorbeer, Oliven und Kräutern sehr beliebt war. Olibanum diente als Grundweihrauch und wurde mit Kostuswurzel, Myrrhe und Safran auf kleinen, tragbaren Altaren und in Weihrauchbrennern verbrannt. Weihrauch wurde sowohl im Hause, zu Ehren der Hausgötter, als auch in den Tempeln verwendet. Die Römer boten außerdem Blutopfer dar, wobei der Altar mit Wein besprengt und Weihrauch aus Lorbeer und Safran verbrannt wurde. Im 2. Jahrhundert nach Christus wurde Weihrauch aus dem Königreich der Nabatäer importiert, das zu der Zeit Teil der römischen Provinz Arabien war. Die Hauptstadt Petra lag in der Nähe des heutigen Ma'an in Jordanien. Sie war das Zentrum des Weihrauch- und Gewürzhandels, die Waren stammten aus dem Gebiet entlang dem Indischen Ozean und von der Arabischen Halbinsel. In der Nähe des Forums des Trajan in Rom lag die Via Piperatica oder Pfefferstraße, in der sich die römischen Kräuter- und Gewürzhändler niedergelassen hatten. In der Antike erfüllte der Parfüm- und Weihrauchmeister übrigens gleichzeitig die Rolle von Arzt und Apotheker.
Die frühen Christen verbrannten zu Beginn kaum Weihrauch, da dieses Ritual sie zu sehr an den jüdischen Glauben erinnerte. Ab dem 5. Jahrhundert nach Christus wurde es jedoch allmählich gebräuchlich, während religiöser und Reinigungszeremonien ebenfalls Weihrauch zu verwenden. Die Kirchenväter kannten Olibanum und Myrrhe aus dem Neuen Testament, da diese Weihraucharten zu den drei Geschenken gehörten, die die Drei Weisen aus dem Morgenland dem Jesuskind darboten. Ab dem 14. Jahrhundert schließlich wurde auch während der Vesper, auf Prozessionen und bei Begräbnissen Weihrauch eingesetzt.
Die arabische Tradition, was die Verwendung von Weihrauch anbelangt, ist schon sehr alt. Jahrhunderte vor unserer Zeitrechnung impor-

tierten und verhandelten sie schon Parfüm und Weihrauch aus Indien und China. Während der Kreuzzüge lernten die europäischen Ritter, dank ihrer Kontakte zu arabischen Händlern, allerlei Riechstoffe kennen. Venedig belieferte ganz Europa mit Seife, Parfüm und Weihrauch. Venedig war auch die Stadt, in der sich im 16. Jahrhundert das erste wichtige Parfümzentrum Europas etablierte. Italien wurde das wichtigste Handelszentrum Europas für den Verkauf von Zedernholz, Lavendel, Rosmarin, Rose, Sandelholz, aromatischen Gummiharzen und Harzen, Riechstoffen tierischer Herkunft, wohlriechendem Puder und Wurzeln.

In der islamischen Kultur wird Weihrauch hauptsächlich als Opfer für Heilige verbrannt sowie auf Hochzeiten, bei Todesfällen und auf Begräbnissen. Mit dem Verbrennen des Olibanums bezwecken die indischen Moslems, den »bösen Blick« und andere böse Geister aus dem Hause zu verbannen. Der Islam verwendet vor allem Aloe, Storax, Koriandersamen und Benzoe.

Die Hindus importieren Olibanum schon von alters her. Zu Hause oder in ihren Tempeln verbrennen sie unter anderem Sandelholz, Benzoe, Trockenblumen, Samen, Wurzeln und herrlich duftende Holzarten. Kampferessenz zum Beispiel ist der Gottheit Krischna geweiht. Auch indische Wahrsager sammeln heilige Pflanzen oder Harze. Sie machen ein Feuer aus Zedernzweigen, legen ein Tuch über den Kopf und beugen sich über das Feuer, um den duftenden Rauch zu inhalieren.

Der tibetanische Buddhismus verbrennt Weihrauch zum Anrufen guter Geister und zur Vertreibung von Dämonen. Die Buddhisten in Ceylon, dem heutigen Sri Lanka, opfern dem Buddha insbesondere Blumen und Parfüm.

Die Chinesen verwenden Weihrauch während Prozessionen, Begräbnis- und Reinigungszeremonien sowie bei magischen Riten zu Ehren der Hausgötter und beim Orakel mit dem I Ging.

In den sechziger Jahren unseres Jahrhunderts begaben sich vor allem viele Jugendliche auf die Suche nach den tieferen Schichten ihres Selbst. Auf diese Weise lernten sie die Überlieferung und die Magie aus Afrika, Amerika, und dem Nahen- und dem Fernen Osten kennen. Eine Folge des Studiums östlicher Philosophien und Meditationstechniken, wie zum Beispiel Yoga, war, daß sich Weihrauch auch bei uns verbreitete und als ein entspannendes oder, im Gegenteil, konzentrationsfördendes Hilfsmittel der Psyche zum Erreichen höherer Bewußtseinsebenen verwendet wurde. Heute wird Weihrauch aus dem sogenannten Maghreb, den arabischen Ländern, Indien, Tibet und Mittelamerika importiert. Der Weihrauch hat gewöhnlich die Form von Räucherstäbchen, Pulver, Kegel oder Körnchen und ist inzwischen fast überall erhältlich.

Die Anwendung des Weihrauchs

Weihrauch als Körnchen, Kegel und Räucherstäbchen

In Läden ist Weihrauch in Körner-, Pulver- oder Kegelform sowie als Räucherstäbchen erhältlich.

Die Verwendung von Körner- und Pulverweihrauch ist kreativer als andere Formen, da man verschiedene Weihraucharten miteinander mischen und zusammen verbrennen kann. Man kann die Menge seinen persönlichen Bedürfnissen oder seinem Geschmack anpassen und eine bestimmte Weihrauchart mehr oder weniger betonen, so daß jedesmal eine neue Art von Weihrauchduft entsteht. Damit sich der Duft des Körner- und Pulverweihrauchs entfalten kann, muß man ihn auf Holzkohle schwelen lassen.

Räucherkegel kann man zum Verbrennen in eine feuerfeste Schale oder in einen Aschenbecher stellen. Da die Kegel schon mit Holzkohle vermischt sind, braucht man sie nicht auf Kohle zu verbrennen; für Räucherstäbchen gilt dasselbe.

Man kann Räucherstäbchen mit verschiedenen Duftnoten gleichzeitig brennen lassen, so daß eine Melange unterschiedlicher Wohlgerüche entsteht, die den gewünschten Effekt auf die Psyche und den Raum um sie herum haben. Falls Sie meinen, daß ein Räucherstäbchen zu viel Rauch entwickelt, können sie ganz einfach ein Stückchen abbrechen, und die glühende Spitze getrennt in der Räucherschale befestigen.

Räucherstäbchen kann man in weißem Sand verbrennen oder in, speziell zu diesem Zweck hergestellten, Räucherstäbchenständern mit Löchern, die aus Holz, Keramik, Emaille oder Metall angefertigt sein können.

Das Verbrennen von Weihrauch in Körner- und Pulverform

Die Verwendung von Weihrauch in Körner- oder Pulverform ist etwas komplizierter als die von Räucherstäbchen oder -kegeln. Viele Leute denken, daß man Weihrauchkörner ganz einfach in einen Aschenbecher legen und anstecken kann. Das führt jedoch leider zu nichts: es bildet sich ein widerlicher, stinkender Brei, der Duft löst sich buchstäblich in Luft auf... Zum Verbrennen von Weihrauch in Körner- und Pulverform haben wir Holzkohle nötig. Die Holzkohlestückchen sind meistens in Esoterikläden, Indienläden oder in Geschäften für religiöses Zubehör erhältlich. Es sind zwei Holzkohlearten im Umlauf:

1. Holzkohle ohne Schwefel, die nur schwer zu brennen anfängt
2. Holzkohle mit Schwefel, die sehr schnell brennt

Zum Verbrennen von Weihrauch unternehmen Sie die folgenden Schritte: mit einem Streichholz das Holzkohlestückchen anzünden. Wenn die Kohle glühend heiß ist, nehmen Sie eine Prise Weihrauch zwischen Daumen und Zeigefinger und streuen sie auf die Holzkohle. Nicht zuviel Weihrauch auf einmal nehmen, da die Holzkohle sonst erlischt. Sobald sich kein Rauch mehr bildet, eine zusätzliche Dosis Weihrauch auf die Holzkohle streuen.

Verschiedene Weihrauchbrenner, -fässer und Räucherschalen

Weihrauchbrenner, -fässer und Räucherschalen gibt es aus vielerlei Materialien und in etlichen Größen und Formen.
In der katholischen Kirche verwendet man meistens große, hängende, schön verzierte Weihrauchbrenner aus Kupfer, die man während des Gottesdienstes hin und her schwenkt.
Aus den arabischen Ländern und dem Fernen Osten werden jedoch auch andere Brenner importiert, wie stehende und hängende Weihrauchbrenner aus Kupfer für Körner und Pulver und Schälchen aus Holz, Keramik, Metall und Emaille für Räucherstäbchen.
In Ermangelung dieser, oft sehr dekorativen, Weihrauchbrenner können wir uns jedoch auch einfacherer Mittel bedienen: ein ganz gewöhnlicher irdener Topf, mit weißem Sand gefüllt, oder ein Blumen-

topf, sind zum Verbrennen der Räucherstäbchen nicht weniger gut geeignet. Wenn Sie einen Blumentopf oder Pflanzenkasten verwenden, müssen Sie allerdings darauf achten, daß die Hitze des brennenden Räucherstäbchens die Pflanzenblätter nicht versengt. Weihrauchbrenner, die auf dem Fußboden stehen, müssen wiederum vor grapschenden Kinderhänden oder schnuppernden Haustieren behütet werden, damit sie sich nicht an dem Metallgefäß oder den glühenden Spitzen der Räucherstäbchen verbrennen.

Zum Verbrennen von Weihrauch sind Weihrauchfässer, die auf dem Boden stehen, besser geeignet als hängende Weihrauchbrenner. Warme Luft steigt ja nach oben, und Sie wollen sicherlich nicht, daß der herrliche Weihrauchduft unter der Decke hängt.

Luftzirkulation des Weihrauchs

Zur Bewerkstelligung einer guten Luftzirkulation des Weihrauchs ist eine ungerade Zahl Weihrauchfässer optimal, die eventuell mit zusätzlichen Wärmequellen, wie zum Beispiel Kerzen, über dem Fußboden verteilt aufgestellt werden.

Ein Metallgefäß mit Füßen ist ideal, da sich der Boden des Weihrauchfasses während des Verbrennens stark erhitzt; ohne Untersatz könnte die Unterlage, wie zum Beispiel ein Teppich oder Tisch, verbrennen.

Außerdem sollte man größeren Weihrauchbrenner den Vorzug geben. Ein kleines Weihrauchfaß bekommt zu wenig Sauerstoff, so daß die Holzkohle leicht erlischt. Weihrauchbrenner mit Löchern an der Unterseite sind ideal, auch ein Kelch mit einem Fuß, in dem etwa fünf Zentimeter über dem Boden ein feinmaschiges Drahtgeflecht befestigt ist, damit sich unter der Holzkohle ein Luftpolster bildet. Als zusätzliche Maßnahme können wir natürlich auch die Wand des Kelches unter dem Drahtgeflecht perforieren.

Wenn wir einen, drei oder fünf Weihrauchbrenner zugleich brennen lassen, wird der Rauch in dem Raum, den wir beräuchern wollen, gleichmäßig verteilt. Wenn wir mehr Rauch, oder einen stärkeren Duft wollen, haben wir selbstverständlich entsprechend mehr Weihrauchbrenner und Weihrauch nötig.

Welche Weihrauchmenge verbrennen

Die Weihrauchmenge, die wir benötigen, ist von der Größe des Raumes abhängig, in dem wir ihn verbrennen wollen. Auch der persönliche Geschmack spielt eine wichtige Rolle. Manche wollen nur einen angenehmen Wohlgeruch in einem Raum, andere ziehen dicke Rauchschwaden vor. Weniger ist jedoch oft mehr... Worum es schließlich geht, ist die Wirkung des Weihrauchs auf die Psyche. Enorme Weihrauchwolken allein sind nicht in der Lage, sie zu stärken. Auch hier trifft zu, daß die Qualität des Rauchrituals und die Beachtung, die man ihm schenkt, wichtiger sind, als die Quantität des verbrannten Weihrauchs. Die meisten Weihrauchbrenner, die in den Läden erhältlich sind, haben einen Deckel. Der Deckel hat zwei Funktionen:

1. er ist ein stilvoller Verschluß des Brenners, wenn dieser nicht in Gebrauch ist, und
2. er dient als Sauerstoffregler während des Verbrennens, falls der Weihrauch zu langsam oder zu schnell brennt, so daß zu wenig oder zu viel Rauch entsteht oder die Holzkohle womöglich erlischt. Es ist möglich, mit dem Deckel die Zufuhr der Sauerstoffmenge zu regeln und den Weihrauch auf diese Weise gleichmäßig verbrennen zu lassen.

Lagerung des Weihrauchs

Weihrauch besteht zum Teil aus flüchtigen Stoffen, man kann ihn jedoch jahrelang lagern, wenn man die richtigen Vorkehrungen trifft. Bewahren Sie den Weihrauch an einem kühlen und dunklen Ort auf. Heben Sie ihn in einer Plastiktüte auf, die Sie nach Gebrauch sofort wieder verschließen, oder lagern Sie ihn entweder in einer gut schließenden Metallbüchse oder in einer Schachtel aus Thujaholz. Warum Thujaholz? Der Duft dieser Holzart vermischt sich mit dem des Weihrauchs, so daß eine spezielle Duftnote entsteht. Wer diese Tips ein wenig berücksichtigt, wird von einem erfolgreichen Weihrauchgenuß sprechen können!

Warum mit Weihrauch arbeiten?

Von den Anfängen

Manche Leute denken, daß das Verbrennen von Weihrauch orientalischen oder afrikanischen Völkern vorbehalten ist. Das stimmt jedoch nicht. Weihrauch wurde seit Menschengedenken und in allen Kulturen verwendet, auch in der westlichen... Im Mittelalter zum Beispiel verbrannten Hexen Weihrauch, während sie Kräuterheilmittel brauten, mit denen sie kranke Menschen kurierten. Ihre Initiative wurde oft nicht besonders honoriert, und das fanatische Unverständnis der Inquisition war Schuld daran, daß viele von ihnen auf dem Scheiterhaufen starben.

Der Westen besaß schon immer eine lebendige magische Tradition, die in der keltischen Zeit verwurzelt ist. Diese keltische Kultur, mit ihren Druiden und heiligen Frauen, war in der Kräuterkunde und Magie sehr bewandert. Der Einfluß Roms und Cäsars, der ein persönlicher Feind der Druiden war, machte es den Kelten praktisch unmöglich, ihre Kultur und Bräuche zu erhalten und zu pflegen. Ihr enormes Wissen, was die Naturmagie anbelangt, setzte sich jedoch, wie eine Art magischer Unterton, im Unterbewußtsein des westeuropäischen Menschen fest. Allerdings geriet dieses Erbe, das die Druiden dem Westen hinterließen, noch ein zweites Mal, genauer gesagt jahrhundertelang, in Bedrängnis, und zwar aufgrund des religiösen Fanatismus und des Unverständnisses der Kirche. Die Hexen, die wir aus den Überlieferungen kennen, waren oft Frauen, die dem Beispiel der heiligen Frauen zur Zeit der Druiden folgten, und das keltische Gedankengut der Naturmagie und Naturforschung fortzusetzen versuchten. Sie stießen dabei jedoch auf Haß und Unverständnis (manchmal allein aus dem Grunde, daß sie Frauen waren: Eva hatte schließlich Adam verführt, Frauen konnte man also nicht so recht vertrauen), und sie mußten ihre Naturforschungen darum auch sorgfältig geheimhalten. Die Kirche hielt sie für Verbündete des Teufels. Wer zuviel geheimes und verbotenes Wissen besaß, das der Kirche nicht in den Kram paßte, wurde mit dem Bann belegt oder noch viel schlimmer: er endete in der Folterkammer oder auf dem Scheiterhaufen. Denken Sie nur an Galilei, der zwar keine Frau war, sein Wissen jedoch verleugnen mußte, um sein Leben zu retten... Heutzutage sind es nicht Cäsar oder die Kirche, die die Naturmagie vernichten wollen, sondern Materialismus und Egoismus, die die Natur und mit ihr ihre Magie zerstören.

Der Einfluß des Orients auf den Menschen im Westen

Die Mauren in Spanien und die Kreuzritter lehrten dem Westen neue Erkenntnisse der Philosophie, Wissenschaft, Medizin und Körperhygiene aus Afrika und dem Nahen Osten. Die Kreuzritter brachten viele prächtige Stoffe und sonderbare, berauschende Riechstoffe in unsere Länder, sowie Handschriften, die arabische Gelehrte und Ärzte, die viel ägyptisches und griechisches Gedankengut übernommen hatten, verfaßt hatten. Sie nahmen Einfluß auf den Menschen des Westens, der allmählich aus der Isolation der Unwissenheit des dunklen Mittelalters erwachte, und mit der Zeit auch »irdischen Dingen«, wie der Körperhygiene, mehr Beachtung schenkte. Ein fast verlorengegangenes Wissen blühte wieder auf, und man hatte plötzlich die Wahl, es praktisch anzuwenden oder es zu ignorieren. Die Kirche, die inzwischen auch Weihrauch verwendete, öffnete sich langsam dem Reichtum des Wissens, den die Kreuzfahrer und später Marco Polo und Kolumbus von ihren Entdeckungsreisen mitgebracht hatten. Durch den Handel war der orientalische Geist in der Lage, die westliche Gesellschaft zunehmend zu beeinflussen, die das neu erworbene Wissen begierig in sich aufnahm. Obwohl die westliche Naturmagie und Tradition in den Hintergrund gedrängt wurden, sollten die Neugier auf das orientalische Gedankengut und die neuen Anschauungen der Nährboden für die Ideen der späteren Jahrhunderte werden.
Es war meine Absicht, in diesem Kapitel darzulegen, daß der Mensch im Westen, ebenso wie der im Orient, eine magische Tradition besitzt, in der das Verbrennen von Weihrauch in gleichem Maße im Mittelpunkt steht.

Moralische Verantwortung und Schicksal

Das Verbrennen von Weihrauch hat grundsätzlich einen magischen Unterton. Magie kann man als den bewußten Umgang mit geheimen Kräften umschreiben, die in unserem Unterbewußtsein schlummern. Sie werden in der Psyche bewußt gemacht, wodurch wir mittels positive Gedanken, Willenskraft und Konzentration eine bestimmte Situation in Gang bringen, ihr abhelfen oder sie außer Kraft setzen können. Moralische Verantwortung ist hier das wichtigste Schlüsselwort. Außerdem... ein nicht zu unterschätzender Faktor ist auch das Karma. Es spielt keine Rolle, ob jemand hochbegabt ist: wer bestimmte Dinge erreichen will, die ihm nicht beschieden sind, da sie sich nicht auf dem Pfad seines Karmas befinden, kann sie auch mit Magie nicht bewerkstelligen. Und wer weiß, ob sich magische Praktiken, die man anwendet, nicht gegen einen selbst kehren könnten.

Wir haben keine andere Wahl, als Vertrauen zu Gott zu haben. Er überschaut unser Karma und unsere Reinkarnationen und weiß, welches Los uns erwartet, wenn wir uns nicht an die universellen Regeln halten. Unsere Möglichkeiten sind äußerst beschränkt, wir kennen nur unsere eigenen Sehnsüchte, wir wissen jedoch nicht, was für uns und die gesamte Menschheit vorbestimmt wurde. Wer sich mit diesen Fragen eingehender beschäftigen möchte, dem kann ich die Bücher von Alice Baley und der Theosophischen Gesellschaft empfehlen.

Im weiteren Verlauf dieses Buches behandeln wir einzelne Zeremonien, die man ohne Gefahr ausprobieren kann. Man sollte sich jedoch klarmachen, daß man den Willen aller Lebewesen zu respektieren hat und daß man jemandem ausschließlich dann helfen darf und kann, wenn es mit Ehrfurcht geschieht. Das trifft auch auf Sie zu. Magische Praktiken kommen mit Willenskraft und Konzentration zustande. Passen Sie auf, daß Sie den «weißen Weg« nicht verlassen und magisches Wissen oder magische Praktiken nicht mißbrauchen.

Mit Weihrauch arbeiten

Im Orient ist man sich schon seit tausenden Jahren davon bewußt, daß Weihrauch die Psyche beeinflußt. Man versucht, mit Hilfe von Düften, bestimmte Bewußtseinsebenen zu erlangen, und Krankheitssymptome zu lindern oder zu heilen. Außerdem kann ein richtig gewählter Duft

bestimmte Eigenschaften, die in unserer Psyche schlummern, verstärken oder mäßigen.
Im Nachschlageteil dieses Buches finden Sie bei jeder Weihrauchart Schlüsselwörter, genauer gesagt: zu welchem Zweck eine bestimmte Weihrauchart angewendet werden kann. Nachstehend folgt eine kurze Erklärung der Schlüsselwörter sowie ein einfaches, dazugehöriges Ritual. In den Kapiteln »Energie und Kraft des Weihrauchs« und »Weihrauchrezepte zum Selbermachen« gehen wir näher auf dieses Thema ein.

Ziel, Ritual und Einsatz verschiedener Weihraucharten

APHRODISIAKUM
Ziel
Den Geschlechtstrieb stimulieren oder anregen.

Ritual
Bevor Sie mit jemandem intim werden wollen, verbrennen Sie Freitags am frühen Abend, nachdem Sie saubergemacht haben, eine der folgenden Weihraucharten: graue Ambra, Ingwer, Jasmin, Kiefer, Lavendel, Magnolie, Mimose, Moschus, Passionsblume, Patchouli, Rose, Safran, Tuberose, Vanille, Veilchen, Ylang-Ylang und Zimt.

SCHUTZ
Ziel
Ein Duft, der ein schützender Talisman ist.

Ritual
Wer sich bedroht fühlt, sollte sich auf positive Gedanken konzentrieren und sich seinem Schutzengel oder einem geliebten Ahnen anvertrauen; zusätzlich kann er morgens und abends eine der folgenden Weihraucharten im Hause verbrennen: Benzoe, Bergamotte, Gardenie, Mekkabalsam, Myrrhe, Olibanum, Sandelholz, Zimt und Zypresse.

VERTREIBUNG SCHLECHTER GEISTER

Ziel

Das Verbannen negativer Kräfte, Geister und Gespenster aus einem bestimmten Raum mittels Austreibungsweihrauch.

Ritual

Machen Sie die ganze Wohnung oder den Raum sorgfältig sauber und zünden Sie eine weiße Kerze in der Nähe eines geweihten oder Ritualgegenstandes an, und zwar an der Stelle, an der Sie die negativen Kräfte am stärksten fühlen. Verbrennen Sie in mehreren Zimmern Olibanum, das Sie mit Myrrhe, Sandelholz und Lotus mischen. Sprechen Sie dabei ein Gebet, das Ihnen gutgesonnene Geister anruft und bitten Sie sie, Ihnen dabei zu helfen, die negativen Energien aus dem Hause zu vertreiben.

GENESUNG UND GESUNDHEIT

Ein Krankenzimmer strahlt oft eine bedrückende und ungesunde Atmosphäre aus. Weihrauch hilft Ihnen dabei, sie zu verbessern. Vergewissern Sie sich jedoch, ob der Kranke den Weihrauch vertragen kann. Es empfiehlt sich, den Weihrauch erst dann zu verbrennen, wenn der Kranke das Zimmer verlassen hat, und der Raum gelüftet und saubergemacht ist. Ein Heiler verbrennt Weihrauch vorzugsweise, bevor er mit der Behandlung des Kranken beginnt.

Für die Gesundheit

Ziel

Kranke, die sich auf dem Wege der Besserung befinden, sowie Leute, die regelmäßig kränkeln, sollten an jedem Sonntag (Tag der Gesundheit) Weihrauch für die kommende Woche verbrennen.

Ritual

Verbrennen Sie jeden Sonntag zwischen 12.00 und 13.00 Uhr Weihrauch, wenn die Sonne ihren höchsten Stand am Himmel erreicht hat. Auch der Samstag kommt hierfür in Frage, da dieser Tag Saturn geweiht ist, dem Planeten, der Krankheiten heilt.
Verbrennen Sie eine der folgenden Weihraucharten:
Apfel, Avocado, Eukalyptus, Lavendel, Mandel, Nelke, Rose, Safran, Ylang-Ylang, Zimt, Zyklame.

Heilverfahren

Ziel

Bei Heilverfahren und Magnetismus ist ein Weihrauch ideal, der heilend, vitalisierend oder beruhigend wirkt. In diesem Fall ist der Weihrauch ein Hilfsmittel zur Übertragung heilender Kräfte und Energien auf den Kranken, so daß er sich nach der Behandlung aufgeladen und wie neugeboren fühlt. Der Heiler kann vor der Behandlung des Patienten auch die Hände mit ätherischem Öl besprengen, was einen zusätzlichen, stärkenden Effekt hat.

Ritual

Der beste Zeitpunkt für eine Behandlung ist der Samstag, der Tag des Planeten Saturn, oder der Sonntag, der Tag der Sonne.
Die folgenden Weihraucharten kommen in Frage: Geranie, Jasmin, Lotus, Magnolie, Mimose, Myrrhe, Nelke, Piment, Safran, Sandelholz, Storax und Veilchen.

PROPHEZEIUNGEN UND PROPHETISCHE TRÄUME

Ziel

Intuitive oder psychische Kräfte kann man entwickeln, und Weihrauch kann dabei als Hilfsmittel dienen. Nachstehend zählen wir einige Weihraucharten auf, die bei Zeremonien, die mit Hellsehen, paranormalen Kräften oder Spiritismus zu tun haben, angewendet werden können.

Ritual

Wer prophetische Träume wünscht, sollte vor dem Schlafengehen Weihrauch verbrennen. Während eines Rituals zum Hellsehen verbrennen wir den dazu passenden Weihrauch, und zwar vor und während des Rituals. Es empfiehlt sich außerdem, vor dem Ritual auch Weihrauch mit einer reinigenden Wirkung zu verbrennen, wie Benzoe, Lotus oder Sandelholz, so daß nur gute Kräfte und Gedanken angezogen werden. Nach einer spiritistischen Séance ist das Verbrennen von Lotus- oder Sandelholzweihrauch ideal, da eine reinigende und beruhigende Wirkung von ihm ausgeht.
Die nachstehenden Weihraucharten sind für Sitzungen diverser »paranormaler« Bereiche geeignet (Hellsehen, Tarot, Kartenlegen, Pendeln, Mediumsitzungen, Spiritismus etc.): Akazie, Benzoe, Flieder, Geißblatt, Heliotrop, Jasmin, Magnolie, Mastix, Mimose, Myrrhe, Orchidee, Pat-

chouli, Rose, Safran, Sandelholz, Tuberose, Vanille, Veilchen, Zimt, Zitronengras und Zypresse.

LIEBE

Ziel

Ein verführerischer, anziehender Duft.

Ritual

Wer dem Mann oder der Frau seiner Träume begegnen will, kann dem Schicksal etwas unter die Arme greifen, indem er an einem Freitag (Tag der Liebe, der der germanischen Liebesgöttin Freya geweiht ist) bei zunehmendem Mond Weihrauch verbrennt. Während Sie den Weihrauch verbrennen, senden Sie positive und liebevolle Gedanken aus und meditieren über die Liebe... Die folgenden Weihraucharten eignen sich hierfür: Apfel, Gardenie, Ingwer, Jasmin, Orangenblüte, Patchouli, Rose, Tuberose und Ylang-Ylang.

MEDITATION

Ziel

Weihrauch, der reinigend und beruhigend wirkt.

Ritual

Kurz bevor Sie zu meditieren beginnen, empfiehlt es sich, Weihrauch zu verbrennen, der eine friedliche Atmosphäre schafft, in der Sie ihren Geist von Alltagssorgen befreien und gute Gedanken und Geister anziehen können. Es ist auch ratsam, sich an einen ruhigen Ort zurückzuziehen, der speziell der Meditation vorbehalten ist, und der nach Ihrem eigenen Geschmack eingerichtet ist, zum Beispiel mit religiösen oder geweihten Gegenständen. Sorgen Sie dafür, daß Sie nicht gestört werden können; nehmen Sie den Hörer vom Telefon, und schalten Sie die Türklingel ab.

Die nachstehenden Weihraucharten passen gut zur Meditation: Akazie, Jasmin, Lotus, Magnolie, Myrrhe und Sandelholz.

STUDIEREN

Ziel

Weihrauch, der stimulierend und konzentrationsfördernd wirkt.

Ritual

Studenten oder Personen, die schwere geistige Arbeit leisten müssen, können vor Beginn ihrer Tätigkeit eine der nachfolgenden Weihraucharten verbrennen: Avocado, Benzoe, Geißblatt, Honigklee, Mandel, Orchidee, Palmarosa, Ylang-Ylang und Zimt.

ERFOLG

Ziel

Ein Duft, der die Willenskraft und das Selbstvertrauen stimuliert.

Ritual

Sie sollten jederzeit ein Schälchen mit Mandeln im Hause haben. Die alten Ägypter glaubten, daß Mandeln Geld und Glück anlocken. Natürlich müssen Sie selbst auch Ihr Bestes tun, um eine Unternehmung gelingen zu lassen, das Verbrennen von Weihrauch kann Ihnen allerdings dabei helfen, sich besser auf Ihr Ziel zu konzentrieren. Verbrennen Sie den Weihrauch grundsätzlich an einem Donnerstag bei zunehmendem Mond.
Wenn Ihnen ein Geschäftsgespräch oder ein Geschäftsabschluß bevorsteht oder wenn Sie in einer bestimmten Unternehmung Erfolg haben wollen, können Sie zu diesem Zweck eine der folgenden Weihraucharten verbrennen: Aloe, Benzoe, Bergamotte, Eichenmoos, Geißblatt, Jasmin, Kamille, Mandel, Sandelholz, Ylang-Ylang, Zibet, Zimt und Zistrose.

FRUCHTBARKEIT

Ziel

Weihrauch mit einer aphrodisischen und entspannenden Wirkung.

Ritual

Verbrennen Sie am Montag, dem Tag des Mondes, und am Freitag, dem Tag des Planeten Venus, vor dem Schlafengehen eine dieser Weihraucharten: Akazie, Eichenmoos, Gardenie, Geranie, Jasmin, Kiefer, Mastix, Moschus, Myrte, Rose, Safran, Storax, Wacholderbeere und Zeder.

WEIHUNG, REINIGUNG UND SEGNUNG VON GEGENSTÄNDEN UND RÄUMEN

Ziel

Weihrauch, der zum Weihen, Reinigen und Segnen von Gegenständen und Räumen dient.

Ritual

Alle Harzweihraucharten sind dafür sehr gut geeignet, da sie eine kräftige und reinigende Wirkung haben.

Wer ein neues Haus bezieht oder magische Gegenstände segnen will, kann die folgenden Weihraucharten verwenden: Benzoe, Eisenkraut, Galbanum, Geranie, Honigklee, Jasmin, Kiefer, Lavendel, Lotus, Mekkabalsam, Myrrhe, Olibanum, Patchouli, Veilchen, Vetiver, Wacholderbeere, Zeder, Zimt, Zitrone, Zypresse.

Weihrauch und Astrologie

In der Welt der Düfte stoßen wir auf die Sonne und den Mond, zwei wichtige Planeten, in denen der Mensch die Polarität und die Qualitäten erkennt, die auch in ihm wirksam sind. In der Geschichte gründeten sich Glaube und Kultus vieler Zivilisationen, wie zum Beispiel der ägyptischen oder der altamerikanischen Kultur, auf der Sonne und/oder dem Mond.

Die Sonne verkörpert das männliche, lebensspendende Prinzip, den Kern allen Lebens. Der Mond verkörpert das weibliche oder empfängliche Prinzip und schenkt dem Leben, in Wechselwirkung mit der Sonne, seine endgültige Form.

Bei einem magischen Ritual müssen wir die Mondphasen berücksichtigen. Es ist von der Mondphase abhängig, ob wir ein Ritual mit einer kräftigenden oder eliminierenden Wirkung halten. Bei zunehmendem Mond verwenden wir eine Weihrauchart, die die Eigenschaft besitzt Schutz, Erfolg, Liebe, Gesundheit und Fruchtbarkeit anzuziehen. Bei abnehmendem Mond verbrennen wir Weihrauch der austreibt, bekämpft oder verbannt.

Die Priester der alten Kulturen schrieben jedoch nicht nur der Sonne und dem Mond bestimmte Eigenschaften zu, die das Leben auf der Erde beeinflussten, sondern waren sich auch der Bedeutung und dem Zusammenspiel der anderen, in ihrer Zeit bekannten, Planeten bewußt: Merkur, Venus, Mars, Jupiter und Saturn. Uranus, Neptun und Pluto wurden erst viel später entdeckt und daraufhin in die Astrologie integriert.

In der Welt der Tiere, Pflanzen und Mineralien wird deutlich, daß die Kombination der Planeten, der vier astrologischen Elemente - Feuer, Luft, Wasser und Erde - und der Tierkreiszeichen das gesamte Leben auf eine bestimmte Weise beeinflussen. Die Tierkreiszeichen stehen außerdem in Wechselwirkung mit verschiedenen psychologischen Menschentypen.

Mit Hilfe dieses astrologischen Wissens können wir auch feststellen, welches ätherische Öl oder welcher Weihrauch zum psychologischen Charakter einer Person paßt und ihn ergänzt. Eine Weihrauchart kann verschiedenen Gestirnen zugeordnet sein. Nachfolgend zählen wir die der alten Tradition und den heutigen Erkenntnissen entsprechenden Zuordnungen auf.

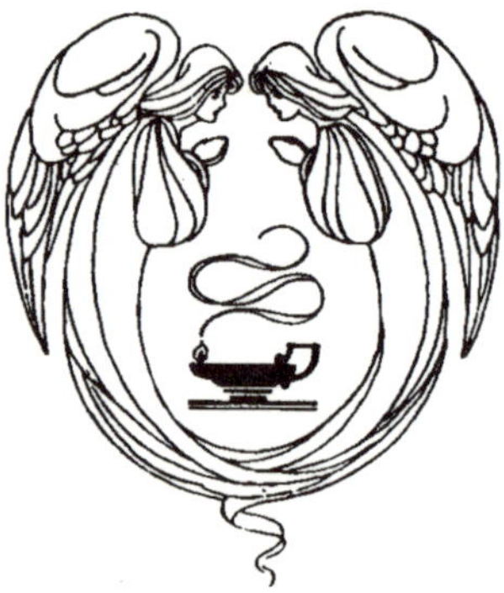

ELEMENTE

FEUER

Bei einem Kräftigungsritual.
Weihen von Kerzen und Kerzenständern.
Heliotrop, Ingwer, Kopal, Nelke, Olibanum, Wacholderbeere und Zeder.

LUFT

Bei einem Ausstrahlungsritual.
Weihen von Weihrauchbrennern.
Akazie, Benzoe, Bergamotte, Eisenkraut, Kiefer, Lavendel, Mandel, Mastix, Veilchen, Zitrone und Zitronengras.

WASSER

Bei einem hellseherischen Ritual.
Weihen einer mit Wasser gefüllten Schale oder einer Kristallkugel, die halb unter Wasser steht.
Apfel, Eukalyptus, Flieder, Gardenie, Hyazinthe, Iris, Jasmin, Kamille, Lilie, Lotus, Myrrhe, Orchidee, Platterbse, Rose, Sandelholz, Vanille, Veilchen und Zitrone.

ERDE

Bei einem Ritual zur Fertigstellung.
Weihung von Erde oder Material.
Eisenkraut, Honigklee, Magnolie, Patchouli, Vetiver und Zypresse.

PLANETEN

SONNE

Strahlende und kräftige Düfte.
Sonntag wie Sandelholz.
Bewußtsein, Betonung der Persönlichkeit, Autoritäten, Vorgesetzte, Leitung, Freunde, Gesundheit, Beruf und Erfolg in der Karriere.
Akazie, Aloe, graue Ambra, Benzoe, Heliotrop, Hyazinthe, Kamille, Kopal, Mastix, Mimose, Olibanum, Safran, Sandelholz, Wacholderbeere, Zeder, Zimt, Zistrose, Zitrone, Zitronella und Zyklame.

MOND

Wasserartige Düfte von Gemüse, Obst und Blättern.
Montag wie Honigklee.
Unbewußtes, Gefühlsleben, Haus und Herd, Familienleben, Heilverfahren, Landwirtschaft und Gartenbau, Seefahrt, Träume und Hellsehen.
Akazie, Eukalyptus, Flieder, Gardenie, Honigklee, Indischer Jasmin, Ingwer, Iris, Jasmin, Lilie, Lotus, Mandarine, Myrrhe, Opium, Orangenblüte, Patchouli, Platterbse, Rose, Sandelholz, Storax, Zitrone und Zyklame.

MERKUR

Erfrischende Düfte, Baumrinde und Samen.
Mittwoch wie Geißblatt.
Kommunikation und Kurzurlaube, Junggesellenleben, Studium und Unterrichtswesen sowie Weissagen.
Akazie, Bergamotte, Eisenkraut, Gardenie, Geißblatt, Heliotrop, Hyazinthe, Jasmin, Kamelie, Lavendel, Magnolie, Mandel, Myrrhe, Rose, Tuberose, Vanille, Vetiver, Wacholderbeere, Zistrose und Zitronengras.

VENUS

Parfümierte Blumen und Früchte.
Freitag wie Rose.
Liebe und Ehe, Frauen, Partner, Kunst, aromatische Düfte und Freude.
Aloe, Apfel, Benzoe, Eisenkraut, Flieder, Geranie, Honigklee, Hyazinthe, Ingwer, Iris, Jasmin, Kiefer, Lilie, Magnolie, Maiglöckchen, Mandarine, Moschus, Myrte, Orchidee, Palmarosa, Platterbse, Rose,

Sandelholz, Vanille, Veilchen, Ylang-Ylang, Zibet, Zitronella und Zyklame.

MARS
Inspirierende Düfte und Holz.
Dienstag wie Kiefer.
Energie und Kampf, Männer, Leidenschaft, Politik, Wettbewerb und Operationen.
Aloe, Bergamotte, Eisenkraut, Elemi, Geranie, Ingwer, Kiefer, Mimose, Myrrhe, Myrte, Nelke, Zibet, Zimt, Zitrone, Zitronella und Zypresse.

JUPITER
Aromatische Bäume, Harze, Früchte und Nüsse.
Donnerstag wie Vanille.
Religion, Philosophie und Fernreisen, Überfluß, Armut, Einkünfte, Wetten, Ehrung und Glück.
Eichenmoos, Honigklee, Iris, Kostuswurzel, Lavendel, Maiglöckchen, Mastix, Nelke, Olibanum, Orchidee, Platterbse, Storax, Tuberose, Vanille, Veilchen und Zeder.

SATURN
Starke Düfte von Wurzeln und Giftpflanzen.
Samstag wie Ylang-Ylang.
Konzentration, Zeit und Tod, Karma und Reinkarnation, Greise, Testamente, Gebäude und Austreiben von Krankheiten.
Graue Ambra, Benzoe, Eichenmoos, Elemi, Geranie, Kiefer, Mimose, Moos, Moschus, Olibanum, Opium, Orchidee, Patchouli, Sandelholz, Veilchen, Ylang-Ylang, Zeder und Zypresse.

URANUS
Urtümliche Düfte.
Wie Patchouli.
Brüderschaft, Intuition und Freunde.
Graue Ambra, Eichenmoos, Honigklee, Indischer Jasmin, Ingwer, Orchidee, Palmarosa, Patchouli und Vetiver.

NEPTUN
Verträumte Düfte.
Wie Myrte.
Träume, Inspiration und psychische Kraft.
Iris, Kiefer, Kostuswurzel und Myrte.

PLUTO
Betäubende oder stimulierende Düfte.
Wie Aloe.
Wille, Magnetismus und Transformation.
Aloe, Elemi, Nelke und Zypresse.

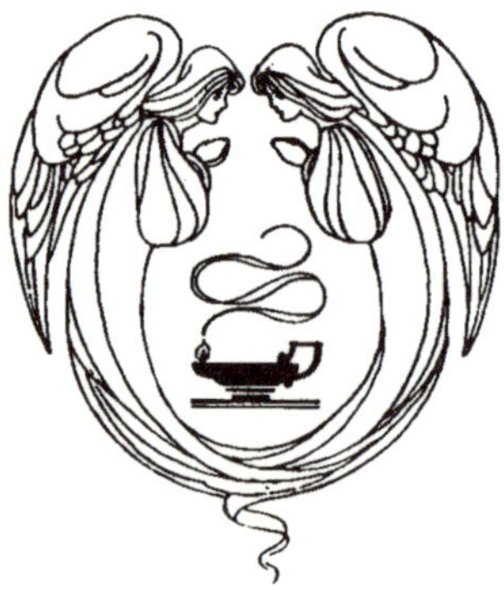

DIE TIERKREISZEICHEN

WIDDER - *der Kämpfer*
Bergamotte, Eisenkraut, Geranie, Jasmin, Kiefer, Kopal, Mimose, Moschus, Myrrhe, Nelke, Olibanum, Rose, Zibet, Zimt, Zitrone, Zitronella und Zypresse.

STIER - *der Bauer*
Apfel, Eisenkraut, Flieder, Geranie, Honigklee, Ingwer, Kiefer, Magnolie, Moos, Orchidee, Palmarosa, Patchouli, Rose, Vanille, Veilchen, Ylang-Ylang, Zibet und Zyklame.

ZWILLINGE - *der Bote*
Akazie, Bergamotte, Gardenie, Geißblatt, Hyazinthe, Jasmin, Kamelie, Lavendel, Lilie, Magnolie, Mandel, Mastix, Myrrhe, Storax, Tuberose, Vanille, Vetiver, Zistrose, Zitrone und Zitronengras.

KREBS - *der Betreuer*
Akazie, graue Ambra, Eukalyptus, Flieder, Gardenie, Ingwer, Indischer Jasmin, Jasmin, Lavendel, Lilie, Lotus, Myrrhe, Patchouli, Platterbse, Rose, Sandelholz, Storax, Veilchen, Zitrone und Zyklame.

LÖWE - *die Autorität*
Akazie, graue Ambra, Benzoe, Galbanum, Heliotrop, Hyazinthe, Kopal, Mastix, Mimose, Moschus, Olibanum, Sandelholz, Zimt, Zistrose und Zitronella.

JUNGFRAU - *der Beamte*
Akazie, Bergamotte, Gardenie, Geißblatt, Heliotrop, Honigklee, Jasmin, Kamelie, Lavendel, Lilie, Magnolie, Mandel, Moos, Patchouli, Storax, Vanille, Vetiver und Zypresse.

WAAGE - *der Diplomat*
Apfel, Benzoe, Eisenkraut, Geranie, Ingwer, Magnolie, Maiglöckchen, Moschus, Orchidee, Palmarosa, Platterbse, Rose, Sandelholz, Vanille, Veilchen, Zibet und Zyklame.

SKORPION - *der Magnetiseur*
Aloe, graue Ambra, Gardenie, Ingwer, Kiefer, Myrrhe, Nelke, Vanille, Veilchen und Zypresse.

SCHÜTZE - *der Philosoph*
Honigklee, Ingwer, Iris, Kiefer, Kopal, Lavendel, Maiglöckchen, Mastix, Nelke, Olibanum, Orchidee, Platterbse, Rose, Storax, Tuberose, Vanille, Veilchen und Zeder.

STEINBOCK - *der Abgeordnete*
Graue Ambra, Benzoe, Eisenkraut, Elemi, Geranie, Honigklee, Kiefer, Lilie, Magnolie, Mimose, Moos, Moschus, Myrrhe, Olibanum, Opium, Orchidee, Patchouli, Sandelholz, Veilchen, Vetiver, Ylang-Ylang, Zeder, Zibet und Zypresse.

WASSERMANN - *der Erfinder*
Akazie, graue Ambra, Benzoe, Eichenmoos, Honigklee, Indischer Jasmin, Ingwer, Kiefer, Lavendel, Mandel, Mastix, Mimose, Orchidee, Palmarosa, Patchouli, Vetiver, Zitrone und Zypresse.

FISCHE - *der Dichter*
Eukalyptus, Gardenie, Honigklee, Iris, Jasmin, Kiefer, Kostuswurzel, Platterbse, Sandelholz und Zitrone.

Energie und Kraft des Weihrauchs

Weihrauch zieht eine bestimmte Energie oder Kraft an, die die Psyche des Menschen beeinflußt. Es vollzieht sich ein magischer Prozeß, der wissenschaftlich zwar nicht nachgewiesen werden kann, von dem wir jedoch sicher wissen, daß er tatsächlich stattfindet. Der Geruchssinn ist sehr wichtig für den Menschen. Er signalisiert zum Beispiel angenehme oder widerliche Gerüche, auf die wir positiv oder negativ reagieren. Wir lassen uns häufiger von unserer Nase leiten, als wir denken! Unsere Nase warnt uns vor verdorbenen Speisen oder giftigen Gerüchen. Jeder von uns besitzt außerdem seinen ganz persönlichen Geruch, der das andere Geschlecht anzieht, abstößt oder ganz einfach kalt läßt. Wenn wir es zulassen, daß ein Geruch uns führt, werden wir in den meisten Fällen Energien oder Kräfte anziehen, die sich positiv auf unser psychisches und physisches Gleichgewicht auswirken. Gerüche entscheiden, ob wir uns an einem bestimmten Ort heimisch fühlen oder nicht.

Die magische Kraft, die Gerüchen eigen ist, befähigt uns, die eigene Willenskraft zu bündeln und ein Ziel zu erreichen, das wir uns gesteckt haben. Zwar ist in allen Dingen Magie verborgen, die meiste Magie verbirgt sich jedoch... in unseren eigenen Kräften. Wer es sich zur Gewohnheit macht, eine positive Haltung gegenüber dem Leben anzunehmen, wird nach und nach, auch in den unangenehmsten Situationen, positive Kräfte anziehen. Wer eine positive Haltung hat, zieht Positives an. Weihrauch hilft uns dabei, dieses Potential zu vergrößern. Er beeinflußt die Atmosphäre unseres Lebensraumes und zieht bestimmte Kräfte und ihre entsprechenden Schwingungen an.

Nachstehend zählen wir auf, welche Weihraucharten für welche Ziele speziell geeignet sind.

ALPTRÄUME (gegen)
Eisenkraut, Hyazinthe

ANGST (gegen)
Bergamotte, Patchouli, Zeder, Zypresse

APHRODISIAKUM
Graue Ambra, Ingwer, Jasmin, Kiefer, Kostuswurzel, Mimose, Moschus, Olibanum, Patchouli, Rose, Safran, Sandelholz, Vanille, Ylang-Ylang, Zeder, Zimt

ARBEIT (vollenden)
Olibanum

AURA AUFLADEN
Ambra (graue), Avocado, Benzoe, Elemi, Kiefer, Mandel, Nelke, Olibanum, Storax

AUTORITÄT
Galbanum

BESCHWÖRUNG AUßER KRAFT SETZEN
Benzoe, Kostuswurzel, Sandelholz, Zitrone

BETÖREN
Graue Ambra, Moschus, Olibanum

BEWERBUNGSWEIHRAUCH
Moschus, Ylang-Ylang

CHAKRAS WEIHEN
Elemi

DEPRESSIONEN (gegen)
Bergamotte, Eisenkraut, Honigklee, Hyazinthe, Patchouli, Zeder, Zimt, Zypresse

EHEKRISE
Gardenie, Ylang-Ylang

EINSAMKEIT
Aloe

EINTRITT INS TOTENREICH, STERBEN
Benzoe, Lotus, Safran, Sandelholz, Zypresse

ENERGIESPENDEND
Avocado, Benzoe, Bergamotte, Eichenmoos, Eukalyptus, Ingwer, Jasmin, Lavendel, Lotus, Moschus, Olibanum

ENTSPANNUNG
Jasmin, Mandarine

ENTWICKLUNG
- von Ideen:
  Heliotrop
- der Intuition:
  Heliotrop
- medialer Veranlagungen:
  Akazie, Magnolie

ERFOLG
Storax
Unternehmungen:
Aloe
Geschäfte:
Benzoe, Geißblatt, Vanille, Zimt, Zistrose
Studium:
Geißblatt, Kiefer
Für Ladenbesitzer:
Mandel, Zimt, Zistrose
im Leben:
Zistrose

ENTFERNUNG SCHLECHTER GEISTER
Benzoe, Flieder, Heliotrop, Kiefer, Kostuswurzel, Myrrhe, Olibanum, Sandelholz, Storax, Wacholderbeere

FEINDE VERTREIBEN
Benzoe, Geranie, Heliotrop, Olibanum, Schokolade, Vetiver, Zeder

FINANZIELLER ERFOLG
Bergamotte, Eichenmoos, Eisenkraut, Geranie, Kamille, Lavendel, Mandel, Zimt, Zistrose, Zypresse

FREUDE
Kopal

FREUNDSCHAFT ANZIEHEN
Aprikose, Benzoe, Kamelie, Kiefer, Myrrhe

FRIEDEN
Apfel, Avocado, Benzoe, Heliotrop, Ingwer, Lavendel, Magnolie, Olibanum, Rose, Sandelholz
Im Familienkreis:
Benzoe, Kamille, Patchouli, Storax, Zeder

FRIGIDITÄT
Safran

FRÖHLICHKEIT
Mandarine

FRUCHTBARKEIT DER FRAU
Akazie, Eichenmoos, Geranie, Kiefer, Lotus, Myrte, Rose, Safran, Wacholderbeere, Storax, Zeder

FRÜHERE INKARNATIONEN SEHEN
Sandelholz

GEBET
Akazie, Benzoe, Heliotrop, Olibanum, Sandelholz

GEFAHR ABWENDEN
Benzoe

GEISTERANRUF - SPIRITISMUS
Benzoe, Elemi, Storax, Zitrone, Zitronengras, Zypresse

GEISTIGE ERSCHÖPFUNG
Avocado, Moschus, Nelke, Olibanum, Storax

GELD ANZIEHEN
Bergamotte, Heliotrop, Honigklee, Ingwer, Jasmin, Kamille, Kiefer, Mandel, Myrte, Orangenblüte, Verbena, Vetiver, Zeder, Zimt

GESUNDHEIT
Apfel, Benzoe, Geißblatt, Mandarine, Zypresse

GLÜCK
Geißblatt, Jasmin, Kamille, Mandel, Safran, Vanille, Zeder, Zimt, Zypresse

GLÜCK ANZIEHEN
Apfel, Honigklee, Hyazinthe, Ingwer, Jasmin, Lotus, Patchouli, Vanille, Zimt, Zypresse

GLÜCKLICHES FAMILIENLEBEN
Zeder

GUNST ERWERBEN
Benzoe

HARMONIE
Avocado, Heliotrop, Ingwer, Magnolie, Olibanum, Rose

HEILUNG
Avocado, Eukalyptus, Geranie, Kamille, Kiefer, Lavendel, Lotus, Olibanum, Rose, Safran, Storax, Zimt

HEILVERFAHREN
Aloe, Benzoe, Eukalyptus, Gardenie, Heliotrop, Hyazinthe, Kamille, Kiefer, Lavendel, Lotus, Mandel, Mekkabalsam oder Arabischer Balsam, Mimose, Myrrhe, Nelke, Olibanum, Sandelholz, Veilchen, Ylang-Ylang, Zeder, Zimt, Zistrose, Zitrone, Zypresse

HELLSEHEN
Akazie, Geißblatt, Heliotrop, Kostuswurzel, Mastix, Orchidee, Patchouli, Rose, Safran

HEXEREI (gegen)
Aloe, graue Ambra, Benzoe, Eisenkraut, Geranie, Jasmin, Mandel, Mekkabalsam

IMPOTENZ
Safran

INTELLEKTUELLE ARBEIT
Avocado, Benzoe, Bergamotte, Mandel, Palmarosa

INTUITION SCHÄRFEN
Geißblatt, Kostuswurzel

JUGENDLICHKEIT
Benzoe, Hyazinthe, Myrte, Thapsia Garganica, Zeder

KINDER
Mandarine

KINDERREICHTUM
Mastix

KIRCHENWEIHRAUCH
Benzoe, Galbanum, Mekkabalsam oder Arabischer Balsam, Olibanum

KOPFSCHMERZEN (gegen)
Jasmin

KRAFT
Anis, Bergamotte, Elemi, Mandel, Mekkabalsam oder Arabischer Balsam, Moschus, Nelke, Patchouli, Zitronengras

KRANKHEIT
Avocado, Benzoe, Mandel, Mekkabalsam oder Arabischer Balsam, Myrrhe, Nelke

KÜNSTLERWEIHRAUCH
Eisenkraut, Honigklee, Ingwer, Magnolie, Mandarine, Vanille, Zistrose

LEIDENSCHAFT HERAUFBESCHWÖREN
Aloe, Ingwer, Nelke

LIEBE
Aloe, Apfel, Aprikose, Avocado, Eisenkraut, Erdbeere, Florentiner Schwertlilie oder Iris, Gardenie, Geißblatt, Geranie, Honigklee, Hyazinthe, Ingwer, Jasmin, Kamille, Kopal, Lavendel, Lotus, Mandel, Mastix, Myrte, Narde, Olibanum, Orangenblüte, Orchidee, Rose, Safran, Vanille, Vetiver, Wacholderbeere, Zeder, Zimt, Zitrone, Zitronengras
Im Familienkreis:
Storax

LIEBESBESCHWÖRUNG AUFHEBEN
Zitrone

LIEBESKUMMER
Akazie, Mekkabalsam oder Arabischer Balsam

MACHT
Zeder

MAGIE
- Magische Praktiken:
  Orchidee, Sandelholz
- Zusammenarbeit mit den Elementen:
  Eichenmoos

MAGISCHE BEEINFLUSSUNG (gegen)
Aloe, graue Ambra, Benzoe, Eisenkraut, Florentiner Schwertlilie oder Iris, Kiefer, Kostuswurzel, Mandel, Mekkabalsam oder Arabischer Balsam, Olibanum, Storax, Vetiver, Wacholderbeere, Zitrone

MAGISCHE INSTRUMENTE WEIHEN, REINIGEN UND SEGNEN
Zypresse

MAGNETISMUS
Mandel, Mimose, Nelke, Zistrose

MEDIALE VERANLAGUNGEN STIMULIEREN
Elemi

MEDITATION
Akazie, Benzoe, Heliotrop, Jasmin, Kamille, Lotus, Magnolie, Myrrhe, Narde, Olibanum, Orchidee, Palmarosa, Sandelholz, Storax

MUT UND TAPFERKEIT ERBITTEN
Moschus, Platterbse

NERVENBERUHIGEND
Hyazinthe, Jasmin, Kiefer

OKKULTE KONZENTRATION
Olibanum, Orchidee

„PARANORMALE" KRAFT
Benzoe, Wacholderbeere

PHYSISCHE ANSTRENGUNGEN
Bergamotte

PROPHETISCHE TRÄUME
Heliotrop, Mimose, Olibanum, Rose

PSYCHISCHES GLEICHGEWICHT
Avocado, Galbanum, Ingwer, Mandarine, Moschus, Myrte, Olibanum

REGRESSION FRÜHERE INKARNATION
Sandelholz

REICHTUM ANZIEHEN
Zeder, Zypresse

REINIGUNG
Akazie, Benzoe, Geranie, Kiefer, Kopal, Lavendel, Mekkaweihrauch oder Arabischer Balsam, Mimose, Myrte, Olibanum, Verbena, Zeder, Zitrone, Zypresse

RESPEKT EINFORDERN
Zeder

RUHE
Benzoe, Honigklee, Hyazinthe, Jasmin, Lavendel, Mandarine, Mekkabalsam oder Arabischer Balsam, Narde, Palmarosa, Patchouli, Ylang-Ylang, Zypresse

RUHM
Geißblatt, Mandarine, Myrte, Zeder

SCHLAF
Hyazinthe, Lavendel, Mekkabalsam oder Arabischer Balsam

SCHÖNHEIT VERBESSERN
Benzoe, Kostuswurzel, Zeder

SCHUTZ
Benzoe, Bergamotte, Eichenmoos, Eisenkraut, Florentiner Schwertlilie oder Iris, Galbanum, Gardenie, Olibanum, Geranie, Honigklee, Hyazinthe, Moschus, Narde, Patchouli, Safran, Storax, Thapsia garganica, Wacholderbeere, Zeder, Zimt

- Bei der Entbindung:
  Hyazinthe, Jasmin
- Der Familie:
  Mekkabalsam oder Arabischer Balsam, Zeder
- Des Hauses:
  Benzoe, Galbanum, Geranie, Kostuswurzel, Olibanum, Zeder Zypresse
- Gegen böse Geister:
  Benzoe, Eukalyptus, Galbanum, Kostuswurzel, Zypresse
- Gegen Diebstahl:
  Heliotrop, Magnolie, Wacholderbeere

- Gegen Insekten:
  Vetiver
- Gegen Eifersucht:
  Elemi, Florentiner Schwertlilie oder Iris
- Gegen Negativität:
  Benzoe, Galbanum, Geranium, Kostuswurzel, Zitrone
- Vor falschen Nachbarn:
  Geranie
- Vor falschen Freunden:
  Aprikose
- Gegen Krankheit:
  Myrrhe

SCHWARZE MAGIE (gegen)
Aloe, Benzoe, Eisenkraut, Jasmin, Lavendel, Mekkabalsam oder Arabischer Balsam, Olibanum, Mimose

SEGNUNG
Benzoe, Jasmin, Kamille, Zeder, Zypresse
Des Hauses:
Zimt

SELBSTSCHUTZ
Kostuswurzel, Zypresse

SELBSTVERTRAUEN
Bergamotte, Elemi, Jasmin, Kamelie, Moschus

SEXAPPEAL
Akazie, graue Ambra, Florentiner Schwertlilie oder Iris, Kamelie, Kostuswurzel, Magnolie, Zypresse

SIEG ÜBERWINDUNG VON HINDERNISSEN
Zypresse

SIEGEN TRIUMPHIEREN
Aloe, Myrrhe

SOLDATENWEIHRAUCH
Zimt

SPIRITISMUS
Geißblatt, Jasmin, Magnolie, Sandelholz, Zypresse

SPIRITUELLE LIEBE
Galbanum, Jasmin, Lotus

SPIRITUELLE KRAFT
Benzoe, Galbanum, Heliotrop, Magnolie, Mekkabalsam oder Arabischer Balsam, Olibanum

STREIT ZWISCHEN LIEBENDEN
Gardenie

STUDIEREN
Avocado, Geißblatt, Kiefer, Mandel, Mastix, Moschus, Orchidee

TALISMAN
Graue Ambra, Benzoe, Honigklee, Myrrhe, Olibanum
Für die Liebe:
Graue Ambra, Platterbse
Für die Freundschaft:
Platterbse

TROST
Mekkabalsam oder Arabischer Balsam

TROST IN DER LIEBE
Erdbeere

UNFÄLLE VERHINDERN
Bergamotte

UNGEZIEFER VERTREIBEN
- Gegen Läuse:
  Lavendel, Vetiver, Wacholderbeere, Zitronella, Zitronengras
- Gegen Motten:
  Patchouli
- Gegen Mücken:
  Geranie, Eukalyptus, Lavendel, Zitronella
- Gegen Parasiten:

Lavendel, Vetiver, Wacholderbeere, Zitronella, Zitronengras
- Gegen Fliegen:
  Eukalyptus
- Gegen Flöhe:
  Vetiver

UNGLÜCK ABWENDEN
Benzoe, Bergamotte

UNSTERBLICHKEIT, EWIGES LEBEN
Apfel, Lotus, Wacholderbeere, Zypresse

VERFÜHRUNG DES ANDEREN GESCHLECHTS
Eisenkraut, Gardenie, Kamelie, Kostuswurzel, Magnolie, Patchouli

VERTREIBEN VON DÄMONEN
Aloe, Benzoe, Eisenkraut, Galbanum, Heliotrop, Honigklee, Kostuswurzel, Mandel, Mekkabalsam oder Arabischer Balsam, Olibanum, Storax, Wacholderbeere, Zypresse

VERTREIBEN UNANGENEHMER GEDANKEN
Mekkabalsam oder Arabischer Balsam, Olibanum, Schokolade, Wacholderbeere, Zeder

VERMEHRUNG
- Von Geld:
  Eichenmoos
- Des Wissens:
  Eichenmoos

VIRILITÄT, MÄNNLICHKEIT UND MANNESKRAFT
Anis, Magnolie, Nelke, Storax, Ylang-Ylang, Zypresse

VOODOO
Bergamotte, Zypresse

WEIHUNG
Hyazinthe, Jasmin, Narde, Zimt

WEISSAGEN
Akazie, Benzoe, Honigklee, Iris, Mastix, Olibanum, Patchouli, Rose, Zimt, Zitronengras
- Mit Kristallkugel oder Tarotkarten:
  Patchouli
- Wetter vorhersagen:
  Honigklee

WOHLSTAND
Aloe, Bergamotte, Eisenkraut oder Verbena, Geißblatt, Zeder, Zypresse

YOGA
Graue Ambra, Lotus, Olibanum, Sandelholz, Storax

Weihrauchrezepte zum Selbermachen

Weihrauch selbst herstellen ist Präzisionsarbeit. Die meisten Ingredienzen sind in Kräuter- oder Bioläden, Drogerien und Apotheken, in Esoterikläden mit einem reichhaltigen Angebot oder auf dem Markt erhältlich.
Am Anfang dieses Kapitels finden Sie die Grundrezepturen für Kirchen- oder orientalischen Weihrauch, den Sie anhand dieser Rezepte selbst herstellen können. Später folgen viele verschiedene Rezepte, die für spezielle Zwecke geeignet sind.

Klassischer Kirchen- oder orientalischer Standard-Weihrauch

Rezept 1 (Kegelweihrauch)
Falls Sie die benötigten Zutaten im Hause haben, können Sie klassischen Kegelweihrauch ziemlich einfach selbst herstellen. Für Weihrauch mit Holzkohle benötigen Sie: 200 g Holzkohle, 50 g Benzoe, 30 g fein zermahlene Rinde des Kassiabaums, 30 g Sandelholz, 10 Tropfen ätherisches Öl der Muskatnuß und ein wenig Gummiarabikum.
Pulverisieren Sie die Holzkohle und mischen Sie sie mit Benzoe, Kassiabaumrinde und Sandelholz. Das Gummiarabikum mit Wasser strecken und die anderen Ingredienzen hinzufügen, so daß ein Brei entsteht, der zur einen Hälfte aus Holzkohle und zur anderen Hälfte aus den übrigen Ingredienzen besteht. Um dem Weihrauch schön zu formen, gießen Sie die Mischung in Fingerhüte aus Metall, die sie einige Tage stehen lassen, bis das Wasser verdunstet ist. Wenn der Weihrauch getrocknet ist, klopfen Sie mit einem Finger gegen den Fingerhut, wodurch Sie den Weihrauch herauslösen. Die Kegel so schnell wie möglich in Plastiktüten verpacken, damit sich der Duft nicht verflüchtigt.

Rezept 2
Wer keine Holzkohle vorrätig hat, kann auch ohne sie Weihrauch herstellen. Dazu hat man die folgenden Zutaten nötig: 30 g Olibanum, 30 g Sandelholz, 15 g Myrrhe, 20 g feingemahlene Kassiabaumrinde, 20 g feingemahlenen Kardamonsamen, 20 g feingemahlene Gewürznelke und 10 Tropfen ätherisches Zedernöl.
Mischen Sie die Ingredienzen und kneten Sie das Ganze zu länglichen Würfeln. Das klebrige Harz des Olibanums hält die Zutaten zusammen.
Sie können den beiden Grundweihraucharten außerdem ätherische Öle beimengen, wie zum Beispiel Zeder, Zitrone oder Lavendel oder auch andere Weihraucharten, das ist allerdings sowohl von Ihrem persönlichen Geschmack, als auch von dem bezweckten Ziel abhängig.

ALKOHOLISMUS
Akazie mit Olibanum

APHRODISIAKUM
Die folgenden Weihraucharten können als Aphrodisiakum verwendet werden:

Graue Ambra	steigert den Geschlechtstrieb beider Geschlechter
Ingwer	steigert den Geschlechtstrieb beider Geschlechter; man sollte ihn wegen seiner stimulierenden Wirkung allerdings nur am frühen Abend, jedoch nicht kurz vor dem Schlafengehen verwenden
Jasmin	steigert den Geschlechtstrieb der Frau
Kiefer	steigert den Geschlechtstrieb des Mannes
Lavendel	steigert den Geschlechtstrieb des Mannes
Magnolie	steigert den Geschlechtstrieb des Mannes
Mimose	steigert den Geschlechtstrieb beider Geschlechter
Moschus	steigert den Geschlechtstrieb beider Geschlechter
Orangenblüte	magnetischer Duft für Frauen, der Männer verführt
Passionsblume	steigert den Geschlechtstrieb beider Geschlechter
Patchouli	steigert den Geschlechtstrieb beider Geschlechter
Rose	steigert den Geschlechtstrieb beider Geschlechter
Safran	steigert den Geschlechtstrieb beider Geschlechter

Tuberose	magnetischer Duft für Männer, der Frauen verführt
Vanille	steigert den Geschlechtstrieb der Frau
Veilchen	läßt Liebespaare nach einer Phase von Streit einander wieder lieben
Ylang-Ylang	steigert den Geschlechtstrieb beider Geschlechter
Zimt	steigert den Geschlechtstrieb der Frau

BESCHWÖRUNG AUßER KRAFT SETZEN

Stellen Sie einen Weihrauch aus Benzoe, Lorbeer und Sandelholz zusammen.

ERFOLG BEI EINER BESTIMMTEN UNTERNEHMUNG

Es folgen verschiedene Weihraucharten, die Sie bei einer bestimmten Unternehmung verbrennen können:

Aloe	Erfolg bei einer Unternehmung oder Sieg in einem Kampf
Benzoe	geschäftlicher Erfolg
Bergamotte	schenkt Wohlstand
Eichenmoos	Vermehren von Geld
Geißblatt	Erfolg im Studium und bei Geschäften
Jasmin	Glück in der Liebe und allgemeines Glück
Kamille	bringt Glück
Kiefer	Erfolg bei einer neuen Unternehmung
Mandel	bringt Geld und Glück
Sandelholz	weckt den Ehrgeiz und die Willenskraft
Ylang-Ylang	hilft bei Bewerbungen
Zibet	Hilfe für Geschäftsleute
Zimt	bringt Glück
Zistrose	schenkt finanziellen Erfolg

Rezept

Wenn Sie Erfolg in einer bestimmten Unternehmung haben oder Glück anziehen wollen, stellen Sie ein Weihrauchgemisch her aus Geißblatt, Gewürznelken, Muskatnußpulver, Zeder und Zitrone

ENTFERNUNG SCHLECHTER GEISTER

Stellen Sie eine Mischung her aus Myrrhe, Olibanum, Sandelholz, Storax und Heliotrop.

FRUCHTBARKEIT

Mit einer der nachstehenden Weihraucharten werden Sie attraktiver und können Sie Fruchtbarkeit und Kinderreichtum anziehen:

Akazie	für kinderlose Frauen
Eichenmoos	Weihrauch für Frauen
Gardenie	Weihrauch für Frauen
Geranie	stimuliert die Fruchtbarkeit der Frau
Jasmin	zieht spirituelle Liebe und Fruchtbarkeit an
Kiefer	Weihrauch für Männer
Mastix	Weihrauch für Männer, sorgt für männlichen Nachwuchs
Moschus	menstruationsregulierend
Myrte	sorgt für psychisches Gleichgewicht und eine gute Ehe
Rose	Aphrodisiakum
Safran	hilft gegen Frigidität und Impotenz
Storax	schenkt Kinderreichtum
Wacholderbeere	stimuliert die Fruchtbarkeit
Zeder	schenkt zahlreichen Nachwuchs

GESCHÄFTLICHER ERFOLG

Rezept 1

Benzoe mit Zimt

Rezept 2

Stellen Sie ein Gemisch aus Mandeln und Benzoe her

GESCHÄFTSLEUTEWEIHRAUCH

Verbrennen Sie Benzoe mit Zimt

GESUNDHEIT

Wer oft kränkelt, dem kann das regelmäßige Verbrennen einer der folgenden Weihraucharten helfen:

Apfel	wirkt entspannend
Avocado	bei schlechter Gesundheit oder nach schwerer körperlicher und/oder geistiger Anstrengung
Eukalyptus	gibt psychische Energie bei Depressionen; muß verbrannt werden, sobald sich eine Erkältung, Grippe oder Halsschmerzen ankündigen
Jasmin	entspannt die Frau während der Entbindung
Lavendel	beruhigend, macht schläfrig und stärkt die Nerven; hilft bei sexuellen Problemen des Mannes
Mandel	stärkt die Aura von Kranken
Nelke	vitalisierend
Piment	für Leute, die sich von einer Krankheit erholen
Rose	in depressiven Phasen und bei Stress
Safran	hilft Frauen, die nicht schwanger werden können
Ylang-Ylang	beruhigt dank seiner leicht betäubenden Wirkung
Zimt	vitalisierend und stärkt die Willenskraft, bei Schwäche und geistiger Erschöpfung; ein Hilfsmittel bei sexuellen Problemen der Frau
Zyklame	entspannt die Frau während der Entbindung

GUNST ERWERBEN

Verbrennen Sie eine Weihrauchmischung, die sich zu gleichen Teilen aus Aloe, Benzoe und Gewürznelken zusammensetzt

HEILUNG UND MAGNETISMUS

Geranie (rosa)	vitalisierend bei Depressionen
Indischer Jasmin	betäubt körperlichen oder psychischen Schmerz
Jasmin	beruhigend und besänftigend bei Kopf- und Nervenschmerz, entspannend für schwangere Frauen
Lotus	schenkt Energie und psychische Kraft
Magnolie	wirkt harmonisierend und vitalisierend
Mimose	wirkt beruhigend und entspannend

Myrrhe	hilft Stotterern; ist ein Hilfsmittel bei unregelmäßigem Herzschlag; wirkt zugleich reinigend
Piment	schenkt Menschen Kraft, die sich von einer Krankheit erholen
Safran	entspannt Menschen, die mit sexuellen Problemen kämpfen
Sandelholz	schenkt Kranken ein Gefühl der Sicherheit und ist außerdem sehr heilkräftig
Storax	hilft bei geistiger Erschöpfung, Nasenbluten und schwierigen Geburten
Veilchen	wirkt liebevoll und heilend auf die Psyche

Rezept 1
Stellen Sie eine Weihrauchmischung her, die zu gleichen Teile aus Myrrhe, Safran und Zimt besteht.

Rezept 2
Stellen Sie einen Weihrauch her aus Eukalyptus, Myrrhe, Safran und Veilchen zu gleichen Teilen.

HELLSEHERISCHE WAHRNEHMUNGEN
Während einer Séance, beim Kartenlegen oder Pendeln können Sie nachstehendes Rezept als Stimulanz für die Intuition anwenden, oder wenn Sie Ihre Empfänglichkeit für hellseherische Wahrnehmungen vergrößern wollen. Nehmen Sie 20 g Olibanum und 10 g Verbena oder Eisenkraut.

KIRCHENWEIHRAUCH NACH DER BIBEL UND DEM FRANZÖSISCHEN ESOTERIKER AMBELAIN

Rezept 1
Ein altes Rezept aus der Bibel: stellen Sie eine Mischung her aus folgenden Weihraucharten zu gleichen Teilen: Olibanum, Storax und Galbanum mit einer Prise Salz.

Rezept 2
Stellen Sie eine Mischung her aus Myrrhe, Olibanum und Zimt.

Rezept 3
Robert Ambelain, der berühmte französische Esoteriker, nannte in einem seiner Werke die Zusammensetzung von Kirchenweihrauch, wies jedoch darauf hin, daß die Kirche Myrrhe vergessen habe. Er empfahl aus diesem Grunde, der nachfolgenden Mischung 200 Teile Myrrhe hinzuzufügen: 450 Teile Olibanum, 250 Teile Siam-Benzoe, 120 Teile Storax, 150 Teile Salpeter, 100 Teile Zucker und 60 Teile Kaskarillrinde.

KÖRPERREINIGUNG
Moschusweihrauch vertreibt Trübsinn, Erschöpfung und Schwäche und reinigt Geist und Körper.
Verwenden Sie am Ende der Menstruation Moschus, als Parfüm oder Reinigungsweihrauch, um sich körperlich wie geistig von allen negativen und deprimierenden Einflüssen zu reinigen.

KRAFTWEIHRAUCH FÜR ALLE WOCHENTAGE
Wenn Sie Energie nötig haben oder ein Ritual verstärken oder es gelingen lassen wollen, verbrennen Sie einen Weihrauch, dessen Zuordnung zu einem bestimmten Planeten und dem ihm zugeordneten Wochentag paßt.

MONTAG	MOND
Fruchtbarkeit	Akazie
Heilverfahren	Mimose
Hellsehen	Orchidee
Liebe	Iris
Meditation	Lotus
Schutz	Hyazinthe
Spiritismus	Jasmin
Weissagen	Patchouli
DIENSTAG	MARS
Kampf	Zimt
Kraft	Zitronengras
Politik	Zitrone
Sport	Kiefer
Transaktion	Zypresse
Virilität	Nelke
Wettbewerb	Bergamotte

MITTWOCH	MERKUR
Geschäftsabschlüsse	Zistrose
Glück im Spiel	Zibet
Kreativität	Eisenkraut
Kurzurlaub	Bergamotte
Studium	Mandel
Verständigung	Benzoe
Weissagen	Orchidee
DONNERSTAG	JUPITER
Ehrung	Zeder
Einkünfte	Eichenmoos
Fernreisen	Platterbse
Gesetze	Mekkabalsam
Glück	Honigklee
Philosophie	Orchidee
Religion	Olibanum
FREITAG	VENUS
Ehe	Jasmin
Freude	Mandarine
Frieden	Apfel
Kunst	Ingwer
Liebe	Rose
Partner	Iris
SAMSTAG	SATURN
Austreiben von Krankheiten	Sandelholz
Begräbnis	Benzoe
Gebäude bauen oder schützen	Olibanum
Konzentration	Orchidee
Testament	Zeder
SONNTAG	SONNE
Behörden	Benzoe
Beruf	Safran

Bewußtsein	Heliotrop
Gesundheit	Kamille
Leitung	Zeder
mit der Arbeit vorankommen	Zimt

Mischen Sie die genannten Weihraucharten mit grauer Ambra und Nelke, zugunsten einer größeren Kraft- und Energiezufuhr.

KYPHIWEIHRAUCH

Kyphiweihrauch wird meistens beim Weissagen verbrannt oder während eines reinigenden oder magischen Rituals. In Ägypten wurde dieser Weihrauch bei Sonnenuntergang geopfert, um die Menschen vor dem Bösen zu behüten und ihnen einen ruhigen Schlaf zu schenken. Kyphiweihrauch beruhigt und entspannt, schenkt friedlichen Schlaf, und schöne sowie prophetische Träume.

Im Horustempel in Edfou in Ägypten ist die Herstellung von Kyphi abgebildet, mit Hieroglyphen, die aus der Zeit des Ptolemäus VII. (etwa 150 vor Christus) stammen. Auch im Isistempel in Philae hat man Kyphirezepte gefunden. In Ägypten wurde Kyphi nicht nur als Weihrauch geopfert, sondern auch heilkräftigen und beruhigenden Getränken beigemengt.

Da die Zahl 16 in Ägypten heilig war, wurde Kyphi aus 16 Ingredienzen hergestellt. Nachstehend folgen einige Rezepte. Wenn Sie viel Zeit und Geduld haben, können Sie versuchen, Kyphi selbst herzustellen.

Rezept 1

Zerstoßen Sie die folgenden Ingredienzen zu einer aromatischen Mischung, die Sie anschließend sieben: 756 g Kalmus, Vetiver, Ginsterblüten, Mastix und das Harz eines terpentinhaltigen Baumes wie Kiefer, Zeder oder Zypresse. Zerstoßen Sie ferner vier weitere Zutaten zu Pulver: Henna, Wacholderbeeren, Zimt und Zypergras. Verdünnen Sie die Mischung dieser elf Ingredienzen mit Wein, bis das Ganze etwa 1125 g schwer ist. Nachdem Sie die Mischung einen Tag haben ruhen lassen, fügen Sie 1260 g saftige, getrocknete Rosinen und 1440 g Wein hinzu, woraufhin Sie das Ganze noch einmal fünf Tage stehen lassen. Anschließend 1200 g Kiefernharz mit 3 kg Honig mischen, und diese Mischung kochen, bis sie auf ein Fünftel eingekocht ist, was einem Gesamtgewicht von 3360 g entspricht. Sie können noch einige Tropfen

ätherisches Öl hinzufügen, wie Iris-, Lotus-, Mimosen-, Narden-, Pfefferminz-, Safran- oder Zimtöl.
Die Mischung nochmals fünf Tage stehen lassen. Anschließend 1143 g Myrrhe zerstampfen und sie der vorherigen Mischung beimengen. Auf diese Weise stellen insgesamt 10.164 g Kyphi her.

Rezept 2
Nach einem anderen altägyptischen Rezept können wir auch eine Mischung zusammenstellen aus Zypergras, Wacholderbeeren, getrockneten und entkernten Rosinen, gereinigtem Kiefernharz oder einer anderen terpentinhaltigen Baumart wie Zeder oder Zypresse, sowie Kalmus, Ginsterblüten, Andropogon schoenanthus (eine Grasart), Myrrhe, Wein und Honig.
Die alten Weisen Plutarch und Galenus fügten noch andere Kräuter oder Gewürze hinzu, wie Kardamom, Narde, Safran und Zimt. Ferner finden wir in den ägyptischen Hieroglyphen oft Rezepte, in denen Zimt durch Mastix, Pfefferminz, Henna oder Mimose ersetzt ist.

Rezept 3
Wer es sich einfacher machen will, kann folgendermaßen verfahren: die nachfolgenden Ingredienzen mischen und sie anschließend vierzehn Tage an einem trockenen, kühlen Ort ruhen lassen: Benzoe, Iris, Kalmus, Kardamom, Kassiabaumrinde, Mastix, Myrrhe, Olibanum, Vetiver, Wacholderbeeren, Zeder, Zimt und Zypresse. Nach zwei Wochen dieser Mischung etwas Honig beimengen, einen Schuß Wein, etwa sieben Rosinen und außerdem einige Tropfen Lotusöl. Die Mischung vierzehn Tage ruhen lassen und anschließend mit einem Stampfer aus Holz oder Marmor zu Pulver zermahlen.

LIEBESWEIHRAUCH
Um Liebe anzuziehen kommen die folgenden Weihraucharten in Frage:

Apfel	Verführungsweihrauch
Gardenie	Weihrauch für Frauen, der Männer anzieht
Ingwer	für eine leidenschaftliche Liebe
Jasmin	Weihrauch für Frauen, der Männer anzieht
Orangenblüte	Weihrauch für Frauen, der Männer anzieht
Patchouli	Weihrauch für Männer, der Frauen anzieht
Rose	Verführungsweihrauch

Tuberose	Weihrauch für Männer, der Frauen anzieht
Ylang-Ylang	Verführungsweihrauch

Aphrodisiakum
Moschusweihrauch steigert den Geschlechtstrieb beider Geschlechter

Liebe herbeizuführen
Eine Mischung aus Aloe, Benzoe und Gewürznelken zu gleichen Teilen

Liebe stimulieren
Eine Mischung zu gleichen Teilen:
Apfel mit Zimt, oder Aloe mit Zimt und Myrrhe, oder Olibanum oder Narde mit Safran, oder Myrrhe mit Aloe.

Beim Geschlechtsverkehr
Als stimulierendes Mittel verbrennen Sie Moschusweihrauch. Während des Geschlechtaktes lassen Sie Myrrhe- und Moschusweihrauch zu gleichen Teilen zusammen verbrennen. Diese Mischung kann sowohl kinderlosen Ehepaaren helfen, als auch Personen, die sexuelle Komplikationen haben, wie Impotenz oder Frigidität. Danach verbrennen Sie Myrrheweihrauch, der beruhigt und entspannt.

MAGIERWEIHRAUCH NACH AMBELAIN
Stellen Sie eine Mischung der nachstehenden Zutaten zusammen, auf dieselbe Weise, wie sie schon beim klassischen Kirchen- oder orientalischen Weihrauch beschrieben wurde:
24 Teile Olibanum, 12 Teile Myrrhe und 6 Teile Schwefel.

MAGISCHE PRAKTIKEN
Wer sich mit magischen Praktiken befaßt, kann die folgenden Weihrauchrezepte ausprobieren:

Rezept 1
Einen Weihrauch aus Aloe, Olibanum und Mastix herstellen.

Rezept 2
Sie stellen eine Mischung her aus grauer Ambra, Moschus und Olibanum.

Rezept 3
Eine Mischung herstellen, die zur einen Hälfte aus Olibanum besteht und zur anderen Hälfte aus dem Weihrauch von Mastix, Mekkabalsam, Wacholder, Zeder und Zimt.

MAGISCHE VERWÜNSCHUNGEN (gegen)
Legen Sie Holzkohle in einen Weihrauchbrenner. Verbrennen Sie auf dieser Kohle eine Mischung aus Olibanum und getrockneten Wacholderbeeren. Reinigen Sie mit diesem Weihrauch ihr Haus in den vier magischen Räuchernächten: in der Nacht vor Sankt Thomas, in der Heiligen Nacht, in der Nacht vor Neujahr und in der Nacht vor dem Dreikönigsfest. Dies gewährleistet Schutz gegen magischen Verwünschungen während einer ganzen Saison.

MEDITATION
Die nachfolgenden Weihraucharten sind besonders gut für die Meditation geeignet:

Akazie	stärkt
Benzoe	schenkt spirituelle Kraft
Jasmin	wirkt reinigend und stimulierend auf das Unterbewußtsein
Lotus	zieht spirituelle Liebe und Autorität an
Magnolie	schenkt Frieden und psychische Kraft
Myrrhe	vertreibt negative Gedanken und das Böse
Olibanum	reinigende Wirkung auf den Meditationsraum
Sandelholz	schenkt Frieden, Willenskraft und Konzentration

Rezept 1
Beräuchern Sie während der Meditation sich selbst oder den Raum mit Moschus. Dieser Weihrauch schenkt psychische Kraft und Energie und schwebt wie eine schützende Hülle um Sie hin.

Rezept 2
Stellen Sie eine Weihrauchmischung her aus Olibanum, Benzoe und Sandelholz zu gleichen Teilen.
Je nachdem, wie groß der Raum ist, können Sie das Räucherstäbchen halbieren oder ganz verbrennen. Wählen Sie die folgenden Weihraucharten:
Benzoe, Olibanum oder Sandelholz.

Rezept 3
Stellen Sie eine Mischung zusammen, die jeweils zur Hälfte aus Akazie und Sandelholz besteht.

PROPHEZEIUNGEN UND PROPHETISCHE TRAÜME

Akazie	für Hellseher und Medien
Benzoe	zu Beginn magischer Praktiken und beim Weissagen, bei Feuermagie
Flieder	stimuliert Hellsehen
Geißblatt	stimuliert Hellsehen und entwickelt intuitive und mediale Fähigkeiten
Heliotrop	stimuliert Hellsehen und prophetische Träume
Jasmin	stimuliert Träume und Spiritismus
Magnolie	für Medien
Mastix	zur Stimulanz von Hellsehen
Mimose	stimuliert prophetische Träume
Myrrhe	Zur Weihung magischer Instrumente oder Talismane
Orchidee	bei okkulter Konzentration und magischen Praktiken
Patchouli	stimuliert Hellsehen und Weissagen mit Tarotkarten, einer Kristallkugel oder dem Pendel
Rose	stimuliert Hellsehen und prophetische Träume
Safran	stimuliert Hellsehen und Weissagen
Sandelholz	stimuliert Hellsehen und hilft dabei, frühere Inkarnationen in Träumen sichtbar zu machen
Storax	bei spiritistischen Séancen
Tuberose	bei spiritistischen Séancen
Vanille	zu Beginn eines magischen Rituals
Veilchen	für Naturmagie
Zimt	Hellsehen
Zitronengras	bei spiritistischen Séancen
Zypresse	bei Séancen und Voodoo

REINIGUNG DES HAUSES
Verbrennen Sie Olivenöl in einer Öllampe, wenn Sie spirituelle und schützende Kräfte anrufen und das Böse fernhalten wollen. Eine Mischung aus Olibanum und Verbena behütet Ihr Haus vor bösen und negativen Einflüssen und zieht außerdem Liebe und Freundschaft an.

Die nachstehenden Weihraucharten kommen für das Reinigen eines Raumes oder von Gegenständen in Frage:

Akazie	befreit das Haus von negativen Einflüssen
Benzoe	Reinigung des Hauses
Eisenkraut	befreit von schwarzer Magie
Galbanum	befreit von schwarzer Magie
Geranie	verbrennen, bevor man ein neues Haus bezieht
Honigklee	vertreibt Hexen und schwarze Magie
Jasmin	Weihrauch zur Reinigung des Hauses und magischer Instrumente
Kiefer	Reinigung des Hauses
Lavendel	Reinigung des Hauses
Lotus	Reinigungsweihrauch für Tempel und Wohnungen
Mekkabalsam	Schutz der Familie und Fernhalten bösartiger Geister; Reinigungsweihrauch bei religiösen Zeremonien, Eheschließungen und Begräbnissen
Myrrhe	Reinigung und Weihung magischer Instrumente
Patchouli	Reinigungsweihrauch für Tarotkarten und Kristallkugeln
Veilchen	Schutz bei magischen Praktiken
Vetiver	Reinigungsweihrauch für das Haus, Vertreiben von Feindschaft
Wacholderbeere	Reinigung des Hauses und magischer Gegenstände
Zeder	Reinigung des Hauses
Zimt	reinigt und segnet das Haus und magische Instrumente
Zitrone	eine Liebesbeschwörung außer Kraft setzen
Zypresse	das Haus von Dämonen befreien

Die Verwendung von Weihrauch auf einem (Haus-)Altar

Verschiedene Weihraucharten

ROSENKREUZERWEIHRAUCH NACH AMBELAIN

Stellen Sie aus den nachstehenden Ingredienzen einen Brei her, auf dieselbe Weise, wie schon beim klassischen Kirchen- oder orientalischen Standard-Weihrauch beschrieben wurde:

250 Teile Olibanum
200 Teile Myrrhe
125 Teile Siam-Benzoe
60 Teile Storax
75 Teile Salpeter
100 Teile Holzkohlenpulver
50 Teile Puderzucker
30 Teile Kaskarillrinde

RUHM ERRINGEN

Stellen Sie einen Weihrauch her aus Aloe, Benzoe und Geißblatt.

SCHUTZ ODER REINIGUNG DES HAUSES ODER DER UMGEBUNG

Rezept 1

Benzoe oder Moschus vertreiben negative oder deprimierende Einflüsse. Machen Sie jeden Freitag, zur Vorbereitung auf den Ruhetag und die bevorstehende Arbeitswoche, das Haus sauber. Nach dem Saubermachen reinigen Sie die Atmosphäre des Hauses, indem Sie Moschusweihrauch verbrennen.

Rezept 2

Im Winter reinigen Sie die Atmosphäre, indem Sie eine Mischung aus Apfel- und Kiefernweihrauch sowie Wacholderbeeren auf Holzkohle verbrennen.

Rezept 3

Wenn Sie eine Beschwörung, die auf einem Haus oder Ort lastet, außer Kraft setzen wollen, sollten Sie eine Weihrauchmischung aus Kopal, Myrrhe, Olibanum und Sandelholz verbrennen.

SCHUTZTALISMAN

Wer sich persönlich bedroht fühlt durch negative Einflüsse von außen, kann eine der nachstehenden Weihraucharten ausprobieren:

Benzoe	gegen schwarze Magie
Bergamotte	gegen Depressionen, Unglück und Unfälle
Galbanum	gegen Dämonen, schwarze Magie und Attentate auf Anführer oder Machthaber
Gardenie	behütet Liebespaare vor Streit und Zwietracht
Mekkabalsam	Schutz für die Familie
Myrrhe	gegen Krankheit und den bösen Blick
Olibanum	behütet das Haus vor Dämonen, negativen Gedanken und Feinden
Sandelholz	gegen Krankheit und schwarze Magie
Zimt	ein Talisman gegen Unglück und Enttäuschungen, für Soldaten und Kämpfer geeignet
Zypresse	gegen negative und deprimierende Gedanken während der Totenwache

SELBSTSCHUTZ

Zimt oder Olibanum mit Kümmelsamen

SPIRITISMUS

Während einer Séance können Sie eine Mischung aus Akazie und Sandelholz verbrennen.

STERBEN

Kümmern Sie sich darum, daß sich eine weiße, geweihte, brennende Kerze und ein geweihter oder religiöser Gegenstand, der mit den Gedanken des Verstorbenen in Harmonie ist, im Raum befinden. Sie können entweder Kyphi oder klassischen Kirchenweihrauch verbrennen, oder eine der nachstehenden Weihraucharten: Benzoe, Lotus, Safran, Sandelholz oder Zypresse. Selbstverständlich ist die Wirkung von Kyphi und klassischem Kirchenweihrauch stärker und sind diese Weihraucharten zur Begleitung des Toten ins Totenreich besser geeignet.

VERFÜHRUNGSWEIHRAUCH
Mische die nachstehenden Weihraucharten zu gleichen Teilen: Jasmin, Kamelie, Moschus, Orangenblüte und Ylang-Ylang.

WEIHRAUCH ZUM WAHRSAGEN

Rezept 1
Stellen Sie eine Mischung her aus Akazie, Benzoe, Olibanum und Patchouli.

Rezept 2
Stellen Sie einen Weihrauch her aus Benzoe, Iris und Olibanum.

Rezept 3
Machen Sie eine Mischung aus Olibanum, Rose und Zimt.

WEIHUNG, REINIGUNG ODER SEGNUNG MAGISCHER INSTRUMENTE

Rezept 1
Stellen Sie einen Weihrauch her aus grauer Ambra, Geißblatt, Myrrhe und Olibanum.

Rezept 2
Mischen Sie einen Weihrauch aus Aloe, Benzoe, Storax und Honigklee.

Rezept 3
Verbrennen Sie eine Weihrauchmischung aus Aloe, Benzoe und Gewürznelken.

Magische Schlüsselwörter zu 73 Weihrauch-Arten

Nachfolgend eine Liste mit 73 verschiedenen Weihraucharten, ihren magischen Schlüsselwörtern sowie der Energie- oder Kraftwirkung, die das Verbrennen der jeweiligen Weihraucharten erzeugt oder anzieht: Akazie, Aloe, Ambra (graue), Apfel, Aprikose, Avocado, Benzoe, Bergamotte, Eisenkraut oder Verbena, Eichenmoos, Elemi, Erdbeere, Eukalyptus, Farn, Florentiner Schwertlilie oder Iris, Frangipani, Galbanum, Gardenie, Geißblatt, Geranie, Heliotrop, Honigklee, Hyazinthe, Ingwer, Jasmin, Kamelie, Kamille, Kiefer, Kopal, Kostuswurzel, Lavendel, Lilie, Lotus, Magnolie, Maiglöckchen, Mandarine, Mandel, Mastix, Mekkabalsam oder Arabischer Balsam, Mimose, Moschus, Myrrhe, Myrte, Narde, Nelke, Olibanum, Orangenblüte, Orchidee, Palmarosa, Passionsblume, Patchouli, Piment, Platterbse, Rose, Safran, Sandelholz, Schokolade, Storax, Tabak, Thapsia garganica, Tuberose, Vanille, Veilchen, Vetiver, Wacholderbeere, Ylang-Ylang, Zeder, Zibet, Zimt, Zistrose, Zitrone, Zitronengras, Zypresse

Die echte AKAZIE bringt Glück, die weiße AKAZIE schenkt Mut.
Reinigung, Fruchtbarkeit und Entwicklung medialer Kräfte.

ALOE macht leidenschaftlich.
Erfolg bei Unternehmungen.

AMBRA, graue, schenkt Ausdauer.
Starkes Aphrodisiakum und Talisman.

APFEL schenkt Liebe.
Liebe, Heilung, Gesundheit und Unsterblichkeit.

APRIKOSE beschützt.
Schutz gegen falsche Freunde.

AVOCADO läßt Frieden ins Herz einziehen.
Liebe und Heilung.

BENZOE stabilisiert.
Spirituelle, psychische und „paranormale" Energie, Reinigung von Räumen, geschäftlicher Erfolg und Ruhe.

BERGAMOTTE schenkt Kraft.
Schutz und Wohlstand.

EISENKRAUT oder VERBENA erwärmt das Herz.
Bekämpft Alpträume, schenkt Schutz und Liebe.

EICHENMOOS beschützt.
Vermehrung von Wissen und Geld.

ELEMI macht widerstandsfähig.
Kraft und Selbstvertrauen.

ERDBEERE versüßt das Leben.
Erfolg und Trost in der Liebe.

EUKALYPTUS heilt.
Heilung, zum Schutz gegen böse Geister, Linderung bei Atemnot.

FARN schenkt Liebe.
Liebe.

FLORENTINER SCHWERTLILIE ODER IRIS macht beliebt.
Schutz und Liebe

FRANGIPANI schenkt Respekt.
Bewundet werden, Liebe und Respekt.

GALBANUM stimmt spirituell.
Schutz und spirituelle Liebe.

GARDENIE unterstützt.

Schutz, Liebe, Verführung des anderen Geschlechts.

GEISSBLATT macht intelligent.
Erfolg im Studium und bei Geschäften, Hellsehen, Glück und das Lösen von Problemen.

GERANIE stimmt ausgeglichen.
Schutz, Heilung und Liebe.

HELIOTROP macht philosophisch.
Hellsehen, Entwicklung von Ideen und Intuition sowie Vertreibung schlechter Geister.

HONIGKLEE beruhigt den Geist.
Bekämpft Depressionen, beschützt, schenkt Ruhe und Liebe.

HYAZINTHE macht beliebt.
Schutz, Liebe und Glück.

INGWER fördert künstlerische Veranlagungen.
Aphrodisiakum, Glück und Liebe.

JASMIN entspannt und verführt.
Aphrodisiakum, spirituelle Liebe, Glück, Weihrauch für Medien und Frauen während der Wehen.

KAMELIE verführt.
Verführung des anderen Geschlechts.

KAMILLE bringt Frieden.
Heilung, Frieden, gute Laune, Glück, Weihrauch zur Meditation und in schlaflosen Nächten.

KIEFER schenkt Offenheit.
Aphrodisiakum, Fruchtbarkeit und Reinigung.

KOPAL verbessert die Atmosphäre.
Liebe und Freude.

KOSTUSWURZEL beschützt.
Selbstschutz.

LAVENDEL versüßt das Leben.
Liebe, Heilung, Reinigung und Schutz bei ehelichen Streitereien.

LILIE bringt Glück.
Glück, Intuition, Kunstsinn, Sensibilität und Phantasie.

LOTUS bringt Glück.
Spirituelle Liebe, Meditation und Lebensglück.

MAGNOLIE schenkt Sexappeal.
Virilität und Sexappeal, Meditation und mediale Fähigkeiten.

MAIGLÖCKCHEN bringt Glück.
Glück, Ruhe und Frieden.

MANDARINE entspannt die Nerven.
Ruhe, Entspannung und Fröhlichkeit.

MANDEL schenkt Liebe.
Liebe, Wachsamkeit, Geld und Glück.

MASTIX macht ehrgeizig.
Hilft Ambitionen zu realisieren, schenkt hellseherische Fähigkeiten.

MEKKABALSAM ODER ARABISCHER BALSAM tröstet.
Göttliche Kraft und Schutz der Familie.

MIMOSE schenkt Selbstvertrauen.
Aphrodisiakum, prophetische Träume und Heilverfahren.

MOSCHUS schenkt Selbstvertrauen.
Starkes Aphrodisiakum, Schutz, Energie und Kraft.

MYRRHE gewinnt mächtige Freunde.
Schutz gegen Krankheit und schwarze Magie, geeignet für Heilverfahren und Meditation.

MYRTE stimmt optimistisch.
Psychisches Gleichgewicht, Liebe und Fruchtbarkeit.

NARDE zieht Liebe an.
Liebe und Meditation.

NELKE spendet Energie.
Kraft und Virilität.

OLIBANUM beschützt gegen Negativität.
Schutz des Hauses.

ORANGENBLÜTE verführt.
Ruhe, Frieden und ein typischer Verführungsweihrauch.

ORCHIDEE schenkt Weisheit.
Meditation und okkulte Konzentration.

PALMAROSA mildert die Moral.
Intellektuelle Arbeit und Meditation.

PASSIONSBLUME verführt.
Aphrodisiakum.

PATCHOULI bringt Glück.
Aphrodisiakum, Schutz, Hellsehen und Wahrsagen.

PIMENT stärkt die Willenskraft.
Erfolg im Beruf, Studium oder bei Geschäften, zieht Glück und Geld an, gibt Energie und Kraft und macht zielstrebig.

PLATTERBSE hilft uns dem grauen Alltag zu entfliehen.
Ein wirksamer Talisman für Freundschaft und Liebe.

ROSE schenkt Liebe.
Aphrodisiakum, Liebe und Fruchtbarkeit, Hellsehen und Heilung, Harmonie und Frieden.

SAFRAN entspannt.
Aphrodisiakum, Schutz, Heilung, Hellsehen, Liebe, Glück und Fruchtbarkeit.

SANDELHOLZ schenkt Willenskraft.
Leichtes Aphrodisiakum, Heilverfahren, Hellsehen, Meditation, Regression und Spiritismus.

SCHOKOLADE versüßt das Leben.
Vertreibt ungenehme Gedanken und Feindschaft.

STORAX treibt aus.
Liebe und Frieden im Haus und Familienkreis, Schutz, Heilung, Heilverfahren, gute Geister anrufen und schlechte fernhalten

TABAK treibt aus.
Eine Duftnote, die manchmal erhältlich ist, die wir persönlich jedoch aufgrund ihrer Gesundheitsschädlichkeit mißbilligen. Obwohl Tabakweihrauch weniger stark wirkt als Zigaretten, ist es dem Wohl der allgemeinen Gesundheit zuträglicher, wenn man auch den Weihrauch ablehnt. Dennoch wird Tabak oft bei exorzistischen Praktiken verwendet.

THAPSIA GARGANICA beschützt das Haus.
Schutz und Jugendlichkeit.

TUBEROSE ist betörend.
Ein starkes Aphrodisiakum, sowohl für Männer als für Frauen. Schenkt Ruhe und Frieden, beruhigt die Nerven und ist für Medien besonders gut geeignet.

VANILLE schenkt eine gute Auffassungsgabe.
Aphrodisiakum, Liebe und Glück.

VEILCHEN macht gute Laune.
Aphrodisiakum, bei Heilverfahren, Glück und ein langes Leben.

VETIVER schenkt Weisheit.

Schützt gegen Feinde und schwarze Magie.

WACHOLDERBEERE hilft die Realität zu akzeptieren.
Schutz, Liebe und Unsterblichkeit.

YLANG-YLANG schenkt Selbstvertrauen.
Aphrodisiakum, Heilverfahren, Freude und Erfolg bei Bewerbungen.

ZEDER macht auf Sie aufmerksam.
Schutz, Reinigung, Fruchtbarkeit, Macht und Ruhm.

ZIBET bringt Glück.
Geld, Glück im Spiel, Weihrauch für Geschäftsleute.

ZIMT macht siegreich und schenkt Erfolg.
Aphrodisiakum, persönlicher Schutz in schweren Zeiten, Heilung, Hellsehen, Liebe und Erfolg.

ZISTROSE stimuliert positives Denken.
Finanzieller Erfolg, Erfolg im Leben.

ZITRONE macht selbstsicher.
Schutz gegen Negativität, hilft bei Liebesbeschwörungen.

ZITRONENGRAS macht vital.
Liebe und Kraft.

ZYPRESSE macht siegreich.
Sieg, Unsterblichkeit und Spiritismus.

Kleines Lexikon der wichtigsten Weihrauchsorten

Wie schon erwähnt, ist Weihrauch in verschiedenen Formen erhältlich: als Räucherstäbchen oder in Körner-, Pulver- und Kegelform. In diesem Verzeichnis habe ich bei manche Weihrauchsorten hinzugefügt, daß sie auch als ätherisches Öl erhältlich sind. Einige Essenzen kann man darüber hinaus verdunsten lassen, und ihr Duft füllt einen Raum auf dieselbe Weise wie Weihrauch. Der Unterschied zwischen Weihrauch und ätherischen Ölen ist, daß man Weihrauch verbrennt, während man ätherische Öle auf verschieden Weise benutzen kann, man kann sie zum Beispiel zum Salben verwenden, jedoch auch verdunsten lassen.
Nachfolgend werden 60 Weihrauchsorten behandelt, zusätzlich erwähnen wir:

- den lateinischen Namen (lat.)
- den englischen und französischen Namen (engl. & fr.)
- einen charakterisierenden Satz
- den Einfluß des Weihrauchs auf die Psyche
- die der alten Tradition und den astrologischen Erkenntnissen des 20. Jahrhunderts entsprechenden Zuordnungen
- die Anwendung, oder die Art und Weise, wie der Weihrauch verwendet werden kann. »Räucherholz« bedeutet, daß es sich um eine bestimmte Holzart handelt, die gesammelt, getrocknet und verbrannt werden kann. Ein »ätherisches Öl« ist die Essenz des Duftes und die Seele der Pflanze, die Sie verwenden wollen, und ist in Fläschchen in Apotheken, Kräuter- oder Esoterikläden erhältlich. Manche Weihraucharten sind echte Balsamweihrauche und dienen zum Salben oder Weihen, zum Beispiel der Stirn oder eines magischen Instruments. »Parfüm« spricht für sich selbst

- die Schlüsselwörter, oder in welchen Situationen Sie den Weihrauch verwenden können. Eine umfassende Erläuterung der Geschichte, der Herkunft und der Verwendung des Weihrauchs von der Antike bis heute.

In diesem Verzeichnis wurden auch Weihraucharten erfaßt, die heute ziemlich selten sind. Der Information halber oder aufgrund der Beliebtheit, die sich die Weihraucharten in der Antike erfreuten, oder auch weil die Bibel sowie ägyptische Hieroglyphen sie oft erwähnten, werden sie an dieser Stelle dennoch angeführt.

AKAZIE

lat.: *Acacia arabica - echte Akazie*
Robinia pseudo-acacia - weiße Akazie

engl.: *Acacia*, fr.: *Acacia*

Die echte Akazie bringt Glück, die weiße Akazie schenkt Mut.

Einfluß auf die Psyche:
Astrologische Zuordnung: Sonne, Mond und Merkur.
Anwendung: Räucherholz, ätherisches Öl, Parfüm, Balsam und Weihrauch.
Schlüsselwörter: Reinigung, Fruchtbarkeit und Entwicklung medialer Kräfte.

Die weiße Akazie ist vor allem wegen ihrer herrlich duftenden, weißen Blütentrauben, die sehr honigreich sind, bekannt. Am Ende des 16. Jahrhunderts wurde dieser in Nordamerika heimische Baum nach Frankreich gebracht, und verbreitete sich überall in Europa, wo ein gemäßigtes Klima herrschte. Im Volksmund heißt der Baum zwar Akazie, er gehört jedoch zu einer anderen Pflanzengattung als die echte Akazie. Die weiße Akazie wirkt auf die Psyche und hilft uns, schmerzliche Erfahrungen aus der Vergangenheit in positive Taten im Jetzt umzusetzen. Laut altaustralischen Völkern, wie den Aborigines, haust in dem dort vorkommenden Akazienbaum ein Waldgeist oder Waldteufel.
Akazienweihrauch ist vor allem das Gummiharz, das aus der echten Akazie gewonnen wird. Dieses Gummiharz war schon in der Antike bekannt. Früher verwendete man Akaziengummi zum Anziehen spiritueller Schwingungen und zum Weihen von Altaren. In der Bibel lesen wir, daß Moses auf Befehl Gottes einen Rauchopferaltar aus Akazienholz für die Bundeslade anfertigen mußte. Im 19. Jahrhundert wurde das Gummiharz der Akazie in Europa auch Gummiarabikum genannt; zu jener Zeit lernte man die Bedeutung der Akazie allmählich kennen, und verwendete sie auch als Weihrauch.
Akazienweihrauch reinigt das Haus von negativen Einflüssen und schenkt kinderlosen Frauen Fruchtbarkeit. Der Duft stimuliert positives Denken, zieht Segen und Glück an und steigert die Anziehungskraft auf das andere Geschlecht. Der Weihrauch stimuliert den Sexappeal, bekämpft Liebeskummer und zieht reine, spirituelle Schwingungen an.

Der Duft wird bei der Meditation oder Gebeten verwendet, oder zum Schaffen einer angenehmen und heiteren Atmosphäre. Akazie hilft dabei, paranormale und psychische Kräfte zu entwickeln, sie bietet außerdem Schutz und macht hellsehend.

ALOE

lat.: *Aloe ferox, Aloe barbadensis, Aloe vera, Aloe vulgaris, Aloexylon agalloctum und Aquilaria Agallocha (Aloenholz)*
engl.: *Aloes oder Lign-aloes*, fr.: *Aloès*

Aloe macht leidenschaftlich.

Einfluß auf die Psyche:
Astrologische Zuordnung: Sonne, Mond, Venus, Mars, Jupiter und Pluto.
Anwendung: Balsam und Weihrauch.
Schlüsselwörter: Heilverfahren und Erfolg bei Unternehmungen.

Aloe ist auf den Antillen und in Südafrika, Südarabien und Indien heimisch und wird oft in Produkten zur Hautpflege verarbeitet.
Die fleischigen, lanzettförmigen Blätter der Aloexylon agalloctum, Calmbac oder Aquilaria agallocha, sind in Rosetten um den Stamm angeordnet und liefern den Aloensaft, der äußerlich wie innerlich angewendet werden kann. Aus dem Aloenholz der Aquilaria agallocha wird Agaöl gewonnen.
Aloe vera beruhigt die Psyche und wird oft bei Heilverfahren angewendet. Aloeweihrauch der Aloe vulgaris ist bräunlich und hat einen leichten, aromatischen, jedoch einigermaßen bitteren Duft.
In Ägypten verwendete man Aloeweihrauch zum Einbalsamieren der Toten und zur Vertreibung von Dämonen. Dort hatte Aloe auch den Ruf, Erfolg bei Unternehmungen und Sieg im Kampf zu sichern.
Im Islam wird Aloe gegen den bösen Blick verwendet. Mit Aloeöl kann man alle Dämonen fernhalten, die unserem Erfolg im Wege stehen. Aloeweihrauch reinigt die Atmosphäre und wird aus diesem Grund bei Hexerei und schwarzer Magie angewendet. Der Duft zieht Positivität an und beschützt uns vor böswilligen Einflüssen.

Der Weihrauch stimuliert die Liebe, und wenn man ihn zusammen mit Benzoe und Gewürznelke verbrennt, zieht er Wohlwollen, Wohlstand und Liebe an. Wer sich beliebt und geliebt fühlen will, kann eine Mischung aus Aloe und Moschusweihrauch herstellen. Aloe hat einen angenehmen Duft, der vitalisierend und energiespendend ist. Der Duft kräftigt den Körper und aktiviert ihn, er macht außerdem sensitiv und leidenschaftlich.
Was die Gesundheit anbelangt, hat Aloe angeblich einen positiven Einfluß auf Menschen mit Erkrankungen der Luftwege und Lungen, außerdem beschützt sie Frauen vor Erkrankungen der Fortpflanzungsorgane.

AMBRA, GRAUE

engl.: *Grey amber*, fr.: *Ambre gris*

Ambra schenkt Ausdauer.

Einfluß auf die Psyche:
Astrologische Zuordnung: Sonne, Jupiter, Saturn, Uranus, Neptun und Pluto.
Anwendung: Parfüm, Balsam und Weihrauch.
Schlüsselwörter: Starkes Aphrodisiakum

Graue Ambra wurde schon in den Biographien Alexander des Großen erwähnt: eine schwarze, klebrige Substanz, die aus dem Darm des Pottwals kommt. Da Pottwale vor den Küsten Japans und Madagaskars sowie vor der Koromandelküste heimisch sind, findet man hier auch graue Ambra. Im alten Ägypten, Griechenland und Rom wurde dieser Weihrauch während religiöser und magischer Riten bei Sonnenuntergang verbrannt. In der Antike verwendete man diesen Weihrauch auch bei Riten zu Ehren des Jupiter. Der Duft wird in Indien, China und der arabischen Welt schon seit Jahrhunderten als schutzbietender Talisman geschätzt. In Indien und der arabischen Welt wird graue Ambra als Parfüm und Weihrauch verwendet. Ambra kommt übrigens wahrscheinlich von dem arabischen Alanbar. In der arabischen Welt hat Ambra den Ruf, Hexerei und schwarze Magie abzuwehren.

Der Weihrauch verleiht psychologische Widerstandsfähigkeit, schenkt Ausdauer und Energie. Er ist die Lösung schlechthin für diejenigen, die Sehnsucht nach ihrem Geliebten haben. Da der Duft die psychologische Widerstandsfähigkeit stärkt, ist er für willensschwache Menschen ideal: graue Ambra schenkt ihnen Ausdauer! Wer einen innigen Wunsch hegt oder Sehnsucht hat, jedoch die Hoffnung hat fahrenlassen, sollte diesen Weihrauch irgendwann ausprobieren.
Graue Ambra reinigt, beschützt und erfrischt die Atmosphäre, und ist aus diesem Grunde zur Meditation und bei Yoga beliebt, da er den Astralkörper auflädt.
Obwohl der Weihrauch tierischer Herkunft ist, hat Ambra eigentlich keine tierische Duftnote. Es ist ein Weihrauch, der Männer wie Frauen gleichermaßen anzieht. Der Weihrauch ist betörend, verführerisch und sinnlich. Der Duft erinnert an Moschus und Vanille und wirkt intensiv, entspannend, beruhigend, lindernd und leicht betäubend.
Es leuchtet natürlich ein, daß graue Ambra ziemlich kostspielig ist. Heute versucht man, diesen Weihrauch synthetisch herzustellen, und zwar mit großem Erfolg! Die Qualität des Weihrauchs ist hervorragend, und der Pottwal wird (aus diesem Grunde) in Ruhe gelassen. Nachstehendes Rezept kommt dem Duft grauer Ambra sehr nahe, die Ingredienzen sind: Benzoe, Eichenmoos, Kostuswurzel, Muskatellerkraut, Olibanum, Patchouli, Perubalsam, Sandelholz, Storax, Vetiver, Zistrose und Zypresse. Probieren Sie es einmal aus!

APFEL
lat.: *Malus domestica*
engl.: *Apple*, fr.: *Pomme*

Apfel schenkt Liebe.

Einfluß auf die Psyche:
Astrologische Zuordnung: Mond und Venus.
Anwendung: Räucherholz, ätherisches Öl und Weihrauch.
Schlüsselwörter: Liebe, Gesundheit und Unsterblichkeit.

Ein Apfel im Mund macht das Herz gesund. Wie wahr! Der schweizerische Arzt Bircher-Brenner, der während einer Krankheit die reinigende und heilende Kraft des Apfels am eigenen Leib erfuhr, glaubte bedin-

gungslos an die Kraft dieser Frucht. Er war so begeistert, daß er sich ein Rezept ausdachte, in dem verschiedene Getreidearten und Apfel verarbeitet sind. Dieses Gericht wurde unter dem Namen Müsli berühmt, und es wird weltweit als der Gesundheit zuträglich empfohlen.
Äpfel sind auch ein Symbol der Liebe, Adam und Eva können ein Lied davon singen. Dieses uralte Liebessymbol hat seine Bedeutung sicherlich nicht ohne Grund erlangt, darin muß ein Körnchen Wahrheit liegen. In der Schöpfungsgeschichte und der alten, magischen Tradition Asiens, Europas und des Römischen Reiches stoßen wir immer wieder auf den Apfel, der wegen seiner heilenden und liebesspendenden Eigenschaften gerühmt wird.
Eva bot Adam einen Apfel an. Der himmlische Vater war ihr dafür nicht sehr erkenntlich, da sie die Frucht vom Baum der Erkenntnis von Gut und Böse gepflückt hatte. Mit dem Apfel bot Eva Adam Liebe, Leidenschaft, Gesundheit und ... Unsterblichkeit dar. Ein Apfel bewerkstelligt etwas im Körper: er reinigt ihn, macht in anziehend und stimmt heiter. Der Duft erfrischt das Denken und er macht uns verführerisch.
In psychischer Hinsicht haben vor allem diejenigen, die sich ängstlich und besorgt durchs Leben schlagen, Äpfel bitter nötig. Damit sind Personen gemeint, die sich ständig auf die Vergangenheit berufen, da sie vor der Wirklichkeit des Jetzt Angst haben. Oder sie haben große emotionale Probleme, die sie nicht zu lösen wissen, aus diesem Grund fristen sie ihre Tage freud- und mutlos und fühlen sich in ihrer Umgebung unsicher. Wer sich in dieser Beschreibung erkennt, hat dringend eine Apfelkur nötig!
Apfelweihrauch stimmt glücklich und friedlich und schafft eine verführerische Atmosphäre. Der Duft muntert bettlägerige oder depressive Menschen auf. Der heilkräftige, entspannende und harmonisierende Weihrauch zieht liebevolle Energie an. Verbrennen sie Apfelweihrauch grundsätzlich dann, wenn die Atmosphäre streitgeladen ist, oder wenn aggressive Menschen zugegen sind: der Duft hat einen beruhigenden und entspannenden Einfluß!
Wer der glückliche Besitzer eines Kamins ist, in dessen Nähe auch noch Apfelbäume wachsen, kann das Holz dieser Obstbäume sammeln und ein Holzfeuer machen: der Duft wirkt erfrischend und angenehm. Und wenn Sie eine Weihrauchmischung aus Apfel und Zimt verbrennen, können Sie mit Glück, Liebe und Erfolg rechnen! Und wer will das nicht?

APRIKOSE
lat.: *Prunus armeniaca L.*
engl.: *Apricot*, fr.: *Abricot*

Aprikose beschützt.

Einfluß auf die Psyche:
Astrologische Zuordnung: Venus.
Anwendung: ätherisches Öl und Weihrauch.
Schlüsselwörter: Schutz gegen falsche Freunde.

Die Aprikose gehört, wie die Erdbeere, zur Gattung der Rosengewächse, und fällt wegen ihres süßen und schwülen Duftes sofort auf.
Diese Frucht war bei den chinesischen Kaisern schon etwa 3000 vor Christus bekannt und kam später über Westasien und durch die Römer zu uns.
Aprikosenweihrauch paßt zu Leuten, die anderen mißtrauen. Dieser Weihrauch befähigt uns darüber hinaus, die richtigen Freunde zu finden. Verbrennen Sie Aprikosenweihrauch, und Sie können sich der Freundschaft sicher sein, Sie werden außerdem von Leuten umringt, die es gut mit Ihnen meinen.

AVOCADO
lat.: *Persea gratissima*
engl.: *Avocado*, fr.: *Avocado*

Avocado läßt Frieden ins Herz einziehen.

Einfluß auf die Psyche:
Astrologische Zuordnung: Sonne und Venus.
Anwendung: Weihrauch.
Schlüsselwörter: Liebe und Genesung.

Avocadoweihrauch wird aus dem Avocadobaum gewonnen, der in tropischen und subtropischen Gebieten Mittelamerikas heimisch ist.
Avocadoweihrauch paßt zu Personen, die sich in ihrer Umgebung unsicher fühlen, oder in einer aussichtslosen Lage stecken. Sie würden die Welt gerne verändern, zur Not mit Gewalt. Sie fühlen sich in dieser Welt nicht heimisch und sind sehr unsicher. Diese Leute sollten sich auf

positive Gedanken konzentrieren. Statt irgendeine Autorität zu bekämpfen, sollten sie erst mit sich selbst ins Reine kommen und nach innerem Frieden suchen, damit sie sich in ihrer eigenen Haut wohl und geborgen fühlen können.
Avocadoweihrauch zieht Frieden und Harmonie an. Dieser Weihrauch besiegt negative Gedanken oder schlechte Einflüsse von außen. Der Duft kräftigt, entspannt, beruhigt die Nerven und erfrischt den Geist. Avocado hilft darüber hinaus bei schweren, physischen wie psychischen, Anstrengungen. Der Weihrauch zieht Liebe und Schutz an und ist vor allem im Falle schwerer emotionaler Phasen oder bei schlechter Gesundheit zu empfehlen .

BENZOE
lat.: *Styrax benzoin, Styrax officinalis*
engl.: *Benzoin*, fr.: *Benjoin*

Benzoe stabilisiert.

Einfluß auf die Psyche:
Astrologische Zuordnung: Styrax benzoin: Merkur und Jupiter.
Styrax officinalis: Sonne, Mars, Venus und Saturn.
Anwendung: Balsam und Weihrauch.
Schlüsselwörter: Schutz, Reinigung, Segnung, spirituelle und „paranormale" Energie.

Benzoe war im Altertum sehr begehrt. Dieses Harz ist im Mittelmeerraum, im Mittleren Osten und in Indien heimisch, im übrigen in Indochina, Thailand (das alte Siam) und auf Sumatra. Dschaoui aus dem Maghreb (Länder in Nordafrika) wird oft mit Benzoe verwechselt. Das Wort Dschaoui ist eine Verballhornung des Wortes Luhânjawi, oder javanische Benzoe, die in Wirklichkeit jedoch aus dem Maghreb stammt. Dschaoui und echte Benzoe oder Styrax benzoin haben wenig miteinander gemein. Der Weihrauch ist eine Mischung verschiedener Harzarten, deren Farbe grau, weiß, rot und braun ist. Styrax ist der Name des Benzoeharzes, das vom Styrax officinalis L. stammt. Styrax ist in zwei Formen erhältlich, nämlich als Weihrauchtropfen oder Weihrauchklumpen. Mit Styrax benzoin deuten wir den Benzoeweihrauch aus dem Fernen Osten an. Styrax officinalis ist der arabische Benzoeweihrauch aus dem Mittleren Osten. Gewöhnlich werden diese

zwei Weihraucharten miteinander verwechselt, was allerdings kein schwerwiegender Fehler ist: beide Arten sind in chemischer Hinsicht eng miteinander verwandt.
In der Astrologie ist Benzoe aus Sumatra dem Planeten Merkur zugeordnet, die aus Siam oder Thailand Jupiter. Benzoe selbst ist Saturn zugeordnet.
Von den Tagen Alexanders des Großen bis zur Renaissance wurde mit diesem Balsamweihrauch reger Handel getrieben. Die hebräischen Völker transportierten mit ihren Karawanen Benzoe vom Roten Meer ins alte Ägypten. Auch Benzoe aus der Türkei, Syrien und dem Libanon wurde nach Arabien befördert. Das Harz kam außerdem aus Zypern, Indien, Siam, Sumatra und Malaysia.
Benzoeweihrauch kann sehr unterschiedlich sein, was seine Farbe, Qualität und Haltbarkeit anbelangt. Der weiße Benzoeweihrauch ist qualitativ der beste. Die Benzoe aus Kleinasien ist bitter, scharf und hat einen schweren Duft. Der Weihrauch aus Indien hat ein feines, zartes Aroma und erinnert an Vanille. Die Farbe der Benzoe aus Sumatra ist heller als die der Benzoe aus Siam (dem heutigen Thailand). Letztgenannter Weihrauch hat einen Vanilleduft; da er von sehr guter Qualität ist, ist er folglich auch teurer.
Benzoe war im alten Ägypten eines der sieben Balsamöle, die zum Einbalsamieren der Toten bei ihrer Bestattung in einem Sarkophag verwendet wurden. Dort nannte man Benzoe Setsch-Heb oder „festliches Parfüm". Der Weihrauch diente außerdem zum Anrufen von Geistern und Energien.
In Indien verwendete man diesen Weihrauch während religiöser Riten, um böse Geister abzuwehren, gegen schwarze Magie und um Gefahr und Unglück zu abzuwenden.
Insbesondere die indischen, tibetanischen, chinesischen und japanischen Buddhisten verwenden diesen Weihrauch bei ihren Rauchopfern, die Buddha geweiht sind. Das Rauchopfer ist eine der sieben Stufen der Verehrung im Buddhismus und spielt eine wichtige Rolle bei Begräbniszeremonien und beim Ahnenkult.
Auch die katholische Kirche integrierte Benzoe in ihre Rauchopfer.
Die Moslems in Indien verwenden, wahrscheinlich durch den Einfluß der Buddhisten, Benzoeweihrauch bei Beschneidungen, Hochzeiten und Begräbnissen, um mit dem Weihrauch böse Geister abzuwehren.
Die Moslems verbrennen Benzoe vor allem in Mekka, ihrem religiösen Zentrum. In den Moscheen wird dieser Weihrauch, aufgrund seiner

anregenden Eigenschaften, während der Gebetstunden und bei rituellen Gesängen verwendet, um göttliche Kraft, Günste und Beschwörungen zu erflehen.
Die arabische Magie verwendet Benzoe bei der Weissagekunst und zum Anrufen der Dschinns, der Feuergeister. In der arabischen Welt wird Benzoe auch als Reinigungs- und Schutzweihrauch für das Haus und zum Fernhalten von Schlangen verwendet.
In der Magie verwendet man Benzoe zu Beginn magischer Praktiken, gegen schwarze Magie und bei Austreibungungsriten. Das Verbrennen einer Mischung aus Zimt und Benzoe sorgt angeblich für geschäftlichen Erfolg.
Benzoe wird manchmal auch der Weihrauch des Intellekts genannt, da er geistige Gewandtheit stimuliert. Der Duft ist anregend und euphorisierend, er spendet Energie und vertreibt negative Gedanken. Benzoe schenkt auch Gemütsruhe und Frieden. Außerdem scheint der Weihrauch die Freundschaft zwischen Männern zu intensivieren.
Auch was die Gesundheit anbelangt, hat Benzoeweihrauch einen guten Ruf: angeblich hat er dieselbe Wirkung wie Moschusweihrauch und bekämpft chronische Leiden, Rheuma, Hexenschuß und Blutvergiftung. Das Harz wirkt auch antibakteriell, beruhigend und reinigend.

BERGAMOTTE
lat.: *Citrus bergamia*
engl.: *Bergamot*, fr.: *Bergamotte*

Bergamotte schenkt Kraft.

Einfluß auf die Psyche:
Astrologische Zuordnung: Merkur, Mars, Saturn und Uranus.
Anwendung: ätherisches Öl und Weihrauch.
Schlüsselwörter: Schutz und Wohlstand.

Angeblich nahmen Expeditionen Alexander des Großen in der Antike die Bergamotte aus Indien mit und pflanzten sie an der Mittelmeerküste an.
Der Weihrauch wirkt erfrischend und stimulierend. Der Duft, der an Rosmarin erinnert, entspannt und spendet denjenigen Energie, die schwere physische oder intellektuelle Arbeit leisten müssen. Bergamot-

te hilft auch bei Ängsten und Depressionen, stimmt heiter und macht widerstandsfähig. Der Duft schenkt auch Selbstvertrauen. In der Magie salbt man die Stirn mit Bergamotte, um Mißgeschicke und Unfälle abzuwenden.
Bergamotte stimuliert angeblich ein gutes Einvernehmen mit Kindern. Laut Tradition zieht dieser Weihrauch Geld und Einkünfte an.

EISENKRAUT ODER VERBENA
lat.: *Verbena officinalis, Verbena triphylla*
engl.: *Verbena*, fr.: *Verveine*

Eisenkraut oder Verbena erwärmt das Herz.

Einfluß auf die Psyche:
Astrologische Zuordnung: Merkur, Venus, Mars und Pluto.
Anwendung: Weihrauch
Schlüsselwörter: Liebe und Schutz.

Eisenkraut oder Verbena ist das Kraut der Liebe. In der Antike war es ein heiliges Gewächs, vor dem man große Ehrfurcht hatte, und das Venus und Isis geopfert wurde. Es wurde auch Persephones Kraut genannt. Sowohl die Griechen, als auch die Römer, Germanen und Kelten fanden großen Gefallen an diesem Gewächs, und verwendeten es zu rituellen und magischen Zwecken.
Eisenkraut hat einen aktivierenden und tröstenden Einfluß auf die Psyche. Die Nerven werden stimuliert, Depressionen und Alpträume vertrieben. Verbena zieht geistige Kreativität und Ideen an, und ist darum der Weihrauch schlechthin für diejenigen, die Kunst und Kultur lieben. Eisenkraut erwärmt das Herz, schenkt ein munteres Gemüt und macht beliebt, sinnenfroh und erfindungsreich in der Liebe. Der Duft zieht Liebende und Geliebte an. Eisenkraut bringt angeblich auch Geld in die Kasse.
Das Verbrennen des getrockneten Krauts vergrößert Ihren Charme und beschützt vor Dämonen, schwarze Magie und Hexerei. Eine Mischung aus Benzoe, grauer Ambra und Eisenkraut ist ein kräftiger Reinigungsweihrauch.

ERDBEERE
lat.: *Fragaria vesca L.*
engl.: *Strawberry*, fr.: *Fraise*

Erdbeere versüßt das Leben.

Einfluß auf die Psyche:
Astrologische Zuordnung: Venus und Jupiter.
Anwendung: Weihrauch
Schlüsselwörter: Erfolg und Trost in der Liebe.

Die Erdbeere gehört zur Gattung der Rosengewächse und duftet wie Amber und Rosen.
Dieser Weihrauch tröstet diejenigen, die Angst davor haben, nicht akzeptiert zu werden; sie müssen lernen, ihren Emotionen den freien Lauf zu lassen, ohne sich von dem, was andere von ihnen denken, blockieren zu lassen, und aufs neue Lebensfreude schöpfen. Erbeerweihrauch stimuliert auch die Liebe.

EUKALYPTUS
lat.: *Eucalyptus globulus*
engl.: *Eucalyptus*, fr.: *Eucalyptus*

Eukalyptus heilt.

Einfluß auf die Psyche:
Astrologische Zuordnung: Sonne und Mond.
Anwendung: pulverisierte und getrocknete Wurzel für ein Liebesbad, ätherisches Öl und Weihrauch.
Schlüsselwörter: Heilung, Heilverfahren, zum Schutz gegen böse Geister.

Eukalyptus reinigt die Atmosphäre von negativen Einflüssen und Gedanken und beschützt außerdem vor bösen Geistern. Der Weihrauch stärkt die psychische Energie des Menschen und behütet vor negativen Einflüssen. Verbrennen Sie diesen Weihrauch nach einer Krankheit oder wenn Sie sich gekränkt oder depressiv fühlen.

Eukalyptus wirkt erfrischend und reinigend. Eukalyptus ist seit alters her berühmt wegen seiner heilenden und heilsamen Eigenschaften.

FLORENTINER SCHWERTLILIE ODER IRIS
lat.: *Iris florentina, Iris germanica*
engl.: *Iris, Orrisroot,* fr.: *Iris*

Florentiner Schwertlilie oder Iris macht beliebt.

Einfluß auf die Psyche:
Astrologische Zuordnung: Mond, Venus, Jupiter und Neptun.
Anwendung: ätherisches Öl, Parfüm und Weihrauch.
Schlüsselwörter: Schutz und Liebe.

In der Antike waren Plinius wie Theophrast begeistert von den Eigenschaften der Iris oder Florentiner Schwertlilie, die auf den Inseln Zypern und Kreta heimisch ist. Die Iris war der ägyptischen Göttin Isis geweiht, und auf der Insel Zypern der Aphrodite, der Göttin der Liebe und Schönheit. Die Schwertlilie ist eine freundliche Blume, die Sensibilität und Toleranz der menschlichen Psyche stimuliert.
Der Duft bekämpft Eifersucht, verleiht ein Wohlgefühl und stimuliert Einträchtigkeit. Iris ist ein charakteristischer Liebesweihrauch, der das andere Geschlecht anzieht...
Irisweihrauch wird auch zum Schutz des Hauses gegen schwarze Magie verwendet.

GALBANUM
lat.: *Ferula galbaniflua*
engl.: *Galbanum,* fr.: *Galbanum*

Galbanum stimmt spirituell.

Einfluß auf die Psyche:
Astrologische Zuordnung: Venus und Saturn.
Anwendung: Balsam und Weihrauch.
Schlüsselwörter: Schutz und spirituelle Liebe.

In der Bibel stoßen wir bei Moses und Salomo auf Galbanum. Dort war dieses Harz eine der Ingredienzen des heiligen Weihrauchs (Exodus 30:34). Im Hebräischen heißt Galbanum Helbena. Es ist ein typischer Kirchenweihrauch, der von Plinius und Hippokrates, den Vätern der Medizin, auch bei Heilverfahren eingesetzt wurde. In der Antike wurde Galbanum aus Arabien nach Mesopotamien und Griechenland exportiert. Galbanum wurde auch in ägyptischen Sarkophagen gefunden. Es ist ein Harz der Ferula galbaniflua, einer Baumart, die zwischen Syrien und Afghanistan heimisch ist. Wildwachsende Pflanzen, aus denen Galbanum gewonnen wird, gedeihen im Iran, im Libanon, in der Türkei und in Zentralasien. Das persische Galbanum wird gegenwärtig in der Parfümindustrie verarbeitet.
Teufelsdreck oder Stinkasant (Scorodosma foetida Bunge) hat, wie Galbanum, ebenfalls heilkräftige Eigenschaften, sein Aroma ist jedoch unangenehm, und er wird darum meistens als Firnis verwendet. In der Antike wurde er als Räucherpflanze verbrannt, zum Austreiben von Fieber, Krankheit und Negativität.
Galbanum riecht nach Anis und wurde in der Antike oft zur Vertreibung von Insekten und Schlangen verwendet.
Galbanumharz zieht Spiritualität und Liebe an, und ist ein Schutzweihrauch für das Haus, der Dämonen und schwarze Magie abwehrt. Der Balsam schenkt gleichgewichtiges Denken und vertreibt Nervosität und Müdigkeit. Es ist ein Harz, das zu Menschen paßt, die Verantwortung tragen müssen und eine leitende Funktion haben.

GARDENIE
lat.: *Gardenia*
engl.: *Gardenia*, fr.: *Gardenia*

Gardenie unterstützt.

Einfluß auf die Psyche:
Astrologische Zuordnung: Mond und Merkur.
Anwendung: frische Blumen, ätherisches Öl, Parfüm und Weihrauch.
Schlüsselwörter: Schutz, Liebe, Verführung des anderen Geschlechts.

Der Duft der Gardenie erinnert an den von Jasmin und Orangenblüte und stimuliert die intellektuellen Fähigkeiten des Menschen.

Gardenie beruhigt, macht ausgeglichen und stimuliert die Einsicht in Glaube und Okkultismus.
Das typische Frauenparfüm zieht Bewunderer an, Liebhaber und Freunde vom anderen Geschlecht. Der Duft schlichtet angeblich Streit zwischen Liebenden und Ehepartnern. Gardenie verbreitet einen sehr verführerischen Duft, der Liebe und Sehnsucht symbolisiert.

GEISSBLATT

lat.: *Lonicera periclymenum*
engl.: *Honeysuckle*, fr.: *Chèvrefeuille*

Geißblatt macht intelligent.

Einfluß auf die Psyche:
Astrologische Zuordnung: Merkur, Mars und Jupiter.
Anwendung: Parfüm und Weihrauch.
Schlüsselwörter: Studium, geschäftlicher Erfolg, Hellsehen und Glück.

Geißblatt hatte schon in Ägypten, Griechenland und Rom einen sehr guten Ruf. Der Duft hat auf Studenten oder Leute, die unter Streß stehen, denselben Effekt wie ein erfrischendes Bad: Geißblatt schenkt psychisches Gleichgewicht. Die Pflanze macht intellektuell und neugierig, ausdauernd und aufmerksam, sie ist stimulierend und stützt das Gedächtnis.
Geißblatt ist ein typisches Geschäftsleuteparfüm: der Duft schärft den Geschäftssinn, vergrößert die Reaktionsfähigkeit und zieht Glück und Geld an. Geißblatt hilft dabei, heikle Probleme zu lösen. Verbrennen Sie diesen Weihrauch darum jedesmal, bevor Sie einen wichtigen Termin haben: der Duft wird Sie unterstützen! Dieser Weihrauch stimmt idealistisch und macht intuitiv, er entwickelt ihre hellseherischen und medialen Talente.
Laut Tradition symbolisiert Geißblatt Liebe, Ruhm, Gesundheit und Wohlstand.

GERANIE
lat.: *Pelargonicum fragrans*
engl.: *Geranium*, fr.: *Géranium*

Geranie stimmt ausgeglichen.

Einfluß auf die Psyche:
Astrologische Zuordnung: Venus, Mars und Saturn.
Anwendung: ätherisches Öl und Weihrauch.
Schlüsselwörter: Schutz, Heilung und Liebe.

Die Geranie hat einen feinen, moschusartigen Duft, der beruhigend, gleichmütig und ausgeglichen stimmt. Geranienweihrauch paßt zu tapferen Menschen, die vor nichts und niemand zurückschrecken und ihren Standpunkt überzeugend vertreten können.
Die weiße Geranie bringt angeblich volle Kassen und beschützt Haus und Herd vor Negativität, Hexen, Feinde und schlechte Nachbarn. Der Duft zieht Fruchtbarkeit an.
Die rosa und die rote Geranie schenken Reinigung, Schutz und Heilung. Der Duft ist sinnlich und stimulierend, er stimmt optimistisch und lebenslustig. Die Geranie hilft uns dabei, vom zu Leben genießen!

HELIOTROP
lat.: *Heliotropium grandiflorum*
engl.: *Heliotrope*, fr.: *Héliotrope*

Heliotrop macht philosophisch.

Einfluß auf die Psyche:
Astrologische Zuordnung: Sonne und Merkur.
Anwendung: ätherisches Öl, Parfüm und Weihrauch.
Schlüsselwörter: Hellsehen, Entwicklung von Ideen, Intuition und Exorzismus.

Heliotrop liebt die Sonne. Die Pflanze, die in unseren Gärten wächst, ist ursprünglich in Peru heimisch. Der Duft entwickelt Ihre Intuition und fördert gute Ideen, die in der Zukunft Erfolg haben werden.

Heliotrop ist ehrlich und sagt seine Meinung. Der Duft ist heilkräftig und macht stark und gesund.
Das Verbrennen der Blüten und Blätter des Heliotrops stimmt philosophisch und religiös und schenkt prophetische Träume. Oft wird dieser Weihrauch verwendet, um Diebe nach einem Diebstahl zu finden oder schlechte Energien aus dem Hause zu vertreiben. Heliotrop hilft dabei, Ihre psychischen und spirituellen Talente zu entwickeln. Der Duft sorgt für Frieden und Harmonie und ist aus diesem Grund auch ideal bei Gebeten und Meditation.

HONIGKLEE

lat.: *Melilotus altissimus*
engl.: *Clover*, fr.: *Méliot*

Honigklee beruhigt den Geist.

Einfluß auf die Psyche:
Astrologische Zuordnung: Mond, Merkur, Venus, Jupiter und Uranus.
Anwendung: Kleeblatt als Talisman, ätherisches Öl und Räucherkraut.
Schlüsselwörter: Schutz, Ruhe und Liebe.

Schon in der Antike kannte man die Eigenschaften des Honigklees: der Name »Melilotus« ist wahrscheinlich eine Zusammensetzung des griechischen Wortes für Honig, Meli, und dem Wort Lotus. Honigklee wird von unzähligen Bienen umschwärmt und liefert einen herrlichen Honig.
Das dreiblättrige Kleeblatt symbolisiert die Heilige Dreifaltigkeit. Das vierblättrige Kleeblatt wird seit alters her als Amulett getragen.
Honigklee hilft dem Körper, sein Gleichgewicht zurückzufinden und entspannt die Nerven. Der Duft ist parfümartig und macht munter, sensibel und kreativ. Das Aroma ist angenehm und elegant. Früher benutzte man diese Pflanze zur Wettervorhersage.
Das Verbrennen des Krautes bringt Glück und beschützt vor Negativität und Hexerei. Honigklee verschafft Ihnen die Gewißheit treuer und diskreter Liebe. Dieser Weihrauch fördert das Denken und bekämpft Unruhe und Depressionen.

HYAZINTHE
lat.: *Hyacinthus orientalis*
engl.: *Hyacinth*, fr.: *Jacinthe*

Hyazinthe macht beliebt.

Einfluß auf die Psyche:
Astrologische Zuordnung: Sonne, Venus und Merkur.
Anwendung: ätherisches Öl, Parfüm und Weihrauch.
Schlüsselwörter: Schutz, Liebe und Glück.

In der Antike war die Hyazinthe Aphrodite geweiht, der Göttin der Liebe und Schönheit, und Persephone, der Göttin der Unterwelt.
Die Hyazinthe hat den Ruf, ein Jungbrunnen zu sein, und paßt zu Leuten mit einer jugendlichen Ausstrahlung. Der Duft stärkt die Nerven und schenkt geistige Kraft. Hyazinthe entwickelt die Intuition und zieht Liebe und Glück an. Der Weihrauch macht diplomatisch und geschickt, wirkt versöhnend und stimmt optimistisch.
Hyazinthenöl hat Schutzwirkung; der entspannende Duft hilft während der Wehen und bei Depressionen. Hyazinthe wirkt angeblich entspannend und beruhigend auf Geisteskranke. Der Weihrauch beugt angeblich auch Alpträumen vor und fördert einen tiefen Schlaf.
In der Magie wird Hyazinthe angewendet, um astrale Projektionen zu bewirken. Sowohl das ätherische Öl als auch der Weihrauch eignen sich zu Heilverfahren.

INGWER
lat.: *Zingiber officinalis*
engl.: *Ginger* fr.: *Gingembre*

Ingwer fördert künstlerische Veranlagungen.

Einfluß auf die Psyche:
Astrologische Zuordnungen:
Ingwer: Mond, Venus, Mars und Uranus.
Kurkuma: Mond und Venus.
Temu Lawak: Mond und Venus.

Anwendung: Parfüm und Weihrauch.
Schlüsselwörter: Aphrodisiakum, Glück und Liebe.

Ingwer ist ein dicker Wurzelstock, der in warmen, tropischen Ländern wie China, Indien und Indonesien heimisch ist. Schon in der Antike wurde sein Duft wegen seines stimulierenden und angenehmen Aromas zu Weihrauch verarbeitet, was zum Beispiel bei ägyptischem Kyphi der Fall war.
Ingwer ist ein leichtes, tropisches Aphrodisiakum, das die Leidenschaft stimuliert und Treue anzieht. Der Duft weckt Begeisterung und ist ermunternd. Ingwerweihrauch wird verbrannt, um Frieden und Harmonie in Beziehungen zu fördern. Ingwer macht körperlich und moralisch widerstandsfähig und hilft dabei, Probleme zu lösen. Sein Aroma stimuliert unsere Phantasie, ohne daß wir Gefahr laufen, unseren Verstand zu verlieren. Ingwer ist für Künstler ein vollendeter Weihrauch.
In der Bibel symbolisiert Ingwer Glück.
Der Weihrauch schenkt psychische, physische und sexuelle Energie. Aufgrund seines stimulierenden und inspirierenden Effekts auf die Psyche empfiehlt es sich, Ingwerweihrauch tagsüber oder am frühen Abend zu verbrennen, jedoch nicht kurz vor dem Schlafengehen.
Kurkuma (Curcuma xanthorrhiza Roxb.), ein anderes Mitglied der Familie der Ingwergewächse, ist auf den Antillen, in Mittelamerika und auf Java heimisch. Er hat einen dicken, unterirdischen Wurzelstock, der zu medizinischen Zwecken getrocknet wird. Kurkuma färbt stark gelb und hat ein angenehmes Aroma. In Indonesien nennt man Kurkuma Temu Lawak. Die Wurzel wird vor allem zur Behandlung der Leber verwendet.

JASMIN

lat.: *Jasminum officinale, Jasminum odoratissimum, Jasminum grandiflorum*
engl.: *Jasmin*, fr.: *Jasmin*

Jasmin entspannt und verführt.

Einfluß auf die Psyche:
Astrologische Zuordnung:
Jasmin: Mond, Merkur, Venus und Jupiter.

Weihrauch schafft eine bestimmte Atmosphäre,
wie hier beim Kartenlegen

Weihrauchbrenner

Indischer Jasmin: Mond und Uranus.
Anwendung: ätherisches Öl, Parfüm und Weihrauch.
Schlüsselwörter: Aphrodisiakum, Liebe und Glück.

Der echte Jasmin, Jasminum officinale, stammt aus Asien und hat weiße, wohlriechende Blüten.
Der in Nordindien und Persien heimische Jasmin kam im 16. Jahrhundert nach Europa. In Persien (dem heutigen Iran) war die Blume heilig. In der Antike war Jasmin dem Mond und Jupiter geweiht.
Der herrliche Duft versetzt Herz und Sinne in Verzücken. Das Aroma stimuliert künstlerische Veranlagungen, euphorisiert, stimmt optimistisch und schenkt Selbstvertrauen, so daß er vor allem verwendet werden sollte, wenn es einem an Energie und Lebenskraft mangelt. Jasmin wirkt beruhigend und hilft gegen Kopf- und Nervenschmerzen. Der Weihrauch entspannt angeblich auch bei Entbindungen. Hierfür eignet sich vor allem der Indische Jasmin oder Champaca (Michelia champaca), dessen Duft an Reseda erinnert. Indischer Jasmin wirkt betäubend bei psychischen und körperlichen Schmerzen und vertreibt Unruhe und Sorgen.
Jasmin ist ein typisches Aphrodisiakum während des Liebesspiels. Der Weihrauch zieht Schutz und Glück an. Das Öl wird zum Weihen und Segnen verwendet.
Jasmin schenkt spirituelle Liebe und Glück. Da er reinigend und stimulierend auf das Unterbewußtsein wirkt, kann dieser Weihrauch während der Meditation und bei spiritistischen Séancen verwendet werden.

KAMELIE

lat.: *Camellia sasanqua*
engl.: *Camellia*, fr.: *Camélia*

Kamelie verführt.

Einfluß auf die Psyche:
Astrologische Zuordnung: Merkur und Venus
Anwendung: Parfüm und Weihrauch.
Schlüsselwörter: Verführung des anderen Geschlechts.

Kamelie wird auch der verführerische Duft genannt. Ihre Ausstrahlung macht einen unvergeßlichen Eindruck auf das andere Geschlecht. Man wird Sie niemals mehr vergessen und Ihnen mit Rat und Tat zur Seite stehen! Dieser Duft inspiriert die Zusammenarbeit und zieht treue Freundschaft an.

KIEFER
lat.: *Pinus sylvestris*
engl.: *Pine*, fr.: *Pin*

Kiefer schenkt Offenheit.

Einfluß auf die Psyche:
Astrologische Zuordnung: Venus, Mars, Saturn und Neptun.
Anwendung: getrocknete Kiefernadeln, Kieferzapfen und Holz, ätherisches Öl und Weihrauch.
Schlüsselwörter: Aphrodisiakum, Fruchtbarkeit und Heilkraft.

Kieferweihrauch war in der Antike sehr begehrt: man verbrannte die Äste, Zapfen und Nadeln der Kiefer zur Reinigung der Atmosphäre von allen negativen Einflüssen. Man intensivierte die Wirkung, indem man Zedern- und Wacholderbeerweihrauch hinzufügte.
Der Duft der Kiefer erinnert an Gewürznelke und Ananas. Verbrennen Sie getrocknete Kiefernadeln, bevor Sie eine neue Unternehmung in Angriff nehmen: die Kiefer hat einen erfrischenden und positiven Einfluß auf die Aura und macht diszipliniert. Seien Sie allerdings vorsichtig, manche Leute reagieren allergisch auf die Kiefer. Die Kiefer vertreibt angeblich böse Mächte, aus diesem Grunde wurde sie in der Antike zum Exorzismus und zur Austreibung des Bösen verwendet.
Der Kieferduft betont die Geisteskräfte des Menschen. Kieferweihrauch knüpft Freundschaftsbande enger und stärkt emotionelle Beziehungen auf Treffs und Festen. Kiefer wird auch oft nach Diskussionen, einem Streit, Zank oder nach einer Phase von Unruhe und Unsicherheit verwendet. Der Duft vertreibt nämlich negative und unfreundliche Gedanken und ermöglicht es uns, alte Streits und Meinungsverschiedenheiten beizulegen und mit frischem Mut eine Unternehmung anzu-

gehen, die uns zuvor viel Kopfzerbrechen bereitet hat. Der Weihrauch sorgt dafür, daß man in stürmischen, emotionellen Beziehungen und Herzensangelegenheiten einen kühlen Kopf behält; der Duft stimmt sogar einigermaßen egoistisch.
Schon in der Antike war die Kiefer wegen ihrer aphrodisischen und fruchtbarkeitsfördenden Eigenschaften berühmt, und stimulierte angeblich die Geburt von Söhnen.

KOPAL
lat.: *Rhus copallinum*
engl.: *Copal*, fr.: *Copal*

Kopal verbessert die Atmosphäre.

Einfluß auf die Psyche:
Astrologische Zuordnung: Sonne und Jupiter.
Anwendung: Weihrauch
Schlüsselwörter: Liebe und Freude.

Aus dem Kopalbaum wird ein gelbliches und geruchloses Harz gewonnen.
Man unterscheidet drei Kopalarten: der grüne, frische Kopal wird aus dem Baum gewonnen; fossilen Kopal kann man dort im Boden finden, wo vor langer Zeit Kopalbäume wuchsen; den halbfossilen Kopal findet man an der Wurzel des Baumes. Aus dem Harz wird Firnis zu industriellen Zwecken hergestellt. Im Kongo diente das Verbrennen des Kopalharzes früher zur Beleuchtung.
Der Kopalweihrauch stammt aus Mexiko. Dort wächst der Copalquahuitl, der mexikanische Weihrauch, der angeblich Liebe, Freude und Reichtum anzieht.
Kopal ist auch in Moçambique, Westafrika, Madagaskar und Indien heimisch. Der indische Kopal wird aus der Vateria indica gewonnen, wobei der Kopalweihrauch der Malabarküste den angenehmsten Duft hat.

KOSTUSWURZEL

lat.: *Saussurea lappa Clarke, Aplotaxis lappa*
fr.: *Costus*

Kostuswurzel beschützt.

Einfluß auf die Psyche:
Astrologische Zuordnung: Jupiter, Neptun und Saturn.
Anwendung: Parfüm und Weihrauch.
Schlüsselwörter: Selbstschutz.

Schon in der Antike war Kostuswurzel wohlbekannt: im alten Rom verbrannte man Kostuswurzel in den Tempeln und in China verwendete man gebrannte Kostuswurzel sogar als Weihrauchersatz. Kostuswurzel war eine kostbare Weihrauchart und diente als Geschenk für Könige und Herrscher. Im vierten Jahrhundert vor Christus schrieb Theophrast in seinem Werk über die Welt der Wohlgerüche, dem Peri Phyton Historias, über die Bedeutung der Kostuswurzel als Parfüm. In der Bibel wird Kostuswurzel als schutzbietende Kraft für den Menschen und das Haus empfohlen: der Duft wehrte angeblich Dämonen, schwarze Magie und negative Gedanken.
Die Kostuswurzel ist entlang dem Indus in Indien heimisch. Das Sanskrit nennt die Kostuswurzel Kushta. Kostus ist eine Ingwerart, in Indien sind sowohl die Wurzel als auch die Blätter sehr beliebt. Dort wird die Pflanze oft zu Parfüm, Medizin oder Weihrauch verarbeitet. In Malaysia ist Kostus der Hauptbestandteil eines Beschwörungsweihrauchs.
Das Blatt hat einen beißenden Geschmack. Es gibt sowohl weiße als auch schwarze Kostuswurzeln. Aus dem Wurzelstock wird in Kaschmir und im Punjab Weihrauch hergestellt. Der Weihrauch der weißen Kostuswurzel ist qualitativ besser. Die indische Kostuswurzel wiederum von besserer Qualität als die arabische und wird auch »indischer Weihrauch« genannt.
Kostusweihrauch hat ein wohlriechendendes Aroma, das an Veilchen und Majoran erinnert. Der angenehme Duft stimuliert die Phantasie und Intuition. Der Weihrauch wirkt inspirierend und stimulierend und macht attraktiv, erotisch und sinnlich. Kostuswurzel ist lange haltbar.

LAVENDEL
lat.: *Lavandula officinalis, Lavandula vera*
engl.: *Lavender*, fr.: *Lavande*
Lavendel versüßt das Leben.

Einfluß auf die Psyche:
Astrologische Zuordnung: Merkur und Jupiter.
Anwendung: ätherisches Öl, Parfüm, Räucherkraut und Weihrauch.
Schlüsselwörter: Liebe, Heilung und Reinigung.

Wer kennt die duftenden, blauvioletten Blüten des Lavendels nicht? Diese Pflanze, die im Mittelmeergebiet, der Provence und in den Pyrenäen heimisch ist, wurde seit alters her als Duftwasser, Parfüm und in der Hausapotheke verwendet. In der Antike benutzte die griechische Dichterin Sappho bereits Lavendelparfüm. Auch in Rom wurde dieses Kraut gepflanzt und zu verschiedenen Zwecken angewendet.
Lavendelweihrauch wirkt beruhigend und reinigt die Atmosphäre. Dieser Duft macht uns ausgeglichen und sogar altruistisch. Lavendel stimuliert die Nerven, gibt Kraft und die Fähigkeit, unser Denken zu beherrschen. Der Duft fördert ein gutes Reaktionsvermögen und macht arbeitslustig.
Lavendel sorgt für Gleichgewicht in Beziehungen und einen guten finanziellen Kurs. Der Duft spendet Energie, Lavendelöl ist ein Öl, das oft bei Heilverfahren und Magnetismus angewendet wird. Will man ihn als Räucherkraut verwenden, wirft man die getrockneten Blüten ins Feuer. Lavendel zieht Liebe und Frieden an und ist ein guter Schutz gegen den bösen Blick. Die Blüten wirken auch einschläfernd.

LILIE
lat.: *Lilium candidum L.*
engl.: *Lily*, fr.: *Lis, Lys*

Lilie bringt Glück.

Einfluß auf die Psyche:
Astrologische Zuordnung: Mond, Venus und Neptun.
Anwendung: Parfüm und Weihrauch.
Schlüsselwörter: Glück, Intuition, Kunstsinn, Sensibilität und Phantasie.

Zur Zeit der minoischen Kultur auf Kreta bildete man die Lilie auf den Wandgemälden der prinzlichen Gemächer ab. Heutzutage ist die Lilie fast nur noch im Libanon wildwachsend.
Das ätherische Öl der Lilie wirkt antibakteriell und heilt Wunden, und wird oft mit Olivenöl vermischt zur Behandlung von Brandwunden und Hautrissen.
Ähnlich wie der Jasmin lindert der Duft der Lilie den Schmerz während der Entbindung. Man sollte mit Lilien allerdings aufpassen: in geschlossenen und schlecht gelüfteten Räumen kann dieser schwere und betäubende Blumenduft für Unannehmlichkeiten sorgen, da er Übelkeit erregen und Vergiftungserscheinungen verursachen kann.
Der Weihrauch der Lilie wirkt stark auf das Unterbewußtsein und die Phantasiewelt: der Duft stimuliert die Intuition und religiöse Empfindungen, er kann musikalisches Gefühl vermitteln und Sinn für Poesie schenken. Diese Blume zieht sowie Glück als auch die Unterstützung des anderen Geschlechts an, auch räumt sie psychische Probleme aus dem Weg.
Der Duft der Lilie paßt gut zu dem von Jasmin. Vor allem sensitiven und künstlerisch veranlagten Menschen oder Personen mit einem exzentrischen Geschmack vermittelt der Duft der Lilie ein gutes Gefühl...

LOTUS
lat.: *Nymphea alba, Nymphea lotus*
engl.: *Lotus*, fr.: *Lotus*

Lotus bringt Glück.

Einfluß auf die Psyche:
Astrologische Zuordnung: Mond und Venus.
Anwendung: ätherisches Öl, Parfüm und Weihrauch.
Schlüsselwörter: spirituelle Liebe, Glück, Meditation.

Schon in der Antike wurde der Blüte des Lotus große spirituelle Bedeutung beigemessen. Die Lotusblume wurde in Ägypten schon etwa 500 vor Christus gezüchtet und zum Totenritual verwendet. Auch den Buddhisten ist die Lotusblume heilig. In den Tempeln Indiens, Chinas und Tibets wird die Blume als Fruchtbarkeitssymbol verehrt. Diese wunderschöne Wasserpflanze ist von Nordamerika, über Südostasien bis Australien heimisch.
Lotusparfüm ist beliebt bei Damen, da die Männer ihrem Charme dann kaum widerstehen können...
Der Lotusweihrauch wird im allgemeinen zur Reinigung der Tempelplätze verwendet. Beim Abhalten der ägyptischen magischen Zeremonien verwendete man Lotus zu Segnungen, bei der Meditation sowie zum Salben und Einbalsamieren der Toten. Der ägyptische König Ramses II. wurde 1224 vor Christus mit zwei verschiedenen Lotusblumenarten einbalsamiert.
Der Lotusduft zieht Heilung, Energie, Erfolg, Glück und Fruchtbarkeit an. Der Weihrauch schenkt spirituelle Liebe und ein langes Leben. Lotusöl wird aufgrund seines heilenden und energiespendenden Einflusses auf die Psyche und Gesundheit oft bei Heilverfahren verwendet.

MAGNOLIE ODER TULPENBAUM
lat.: *Magnolia grandiflora*
engl.: *Magnolia*, fr.: *Magnolia*

Magnolie schenkt Sexappeal.

Einfluß auf die Psyche:
Astrologische Zuordnung: Merkur, Venus und Saturn.
Anwendung: ätherisches Öl, Weihrauch und Parfüm.
Schlüsselwörter: Virilität und Sexappeal, geeignet zur Meditation, weckt mediale Fähigkeiten.

Der Tulpenbaum ist in Asien und Amerika heimisch. Der herrliche Duft der Magnolie schenkt physische und psychische Kraft. Magnolie stiftet Harmonie und Frieden und paßt als Weihrauch sehr gut zu Yoga und Meditation. Der Duft vergrößert angeblich den weiblichen Sexappeal und stimuliert den männlichen Geschlechtstrieb.
Magnolie ist der optimale Duft für Künstler und Medien. Der Weihrauch sorgt dafür, daß verlorengegangene oder gestohlene Gegenstände zu ihrem rechtmäßigen Eigentümer zurückkehren.

MANDARINE
lat.: *Citrus bigaradia, Citrus nobilis und Citrus deliciosa*
engl.: *Mandarine*, fr.: *Mandarine*

Mandarine entspannt die Nerven.

Einfluß auf die Psyche:
Astrologische Zuordnung: Mond und Venus.
Anwendung: ätherisches Öl und Weihrauch.
Schlüsselwörter: Ruhe, Entspannung und Fröhlichkeit.

Der Mandarinenbaum ist klein und stachelig und war ursprünglich in Südostasien heimisch, wurde später jedoch auch im Mittelmeergebiet angepflanzt. Die Drüsen der immergrünen Blätter scheiden ein aromatisches Öl aus. Der Duft der Mandarine stimmt fröhlich und entspannt und beruhigt die Psyche. Wer Kinder mit Schlafstörungen hat, kann einige Tropfen ätherisches Öl auf ein Taschentuch sprengen und es neben das Kopfkissen legen; sie können eine gute Nachtruhe genießen.

Mandarine hat einen intensiven und erfrischenden Duft, der die Phantasie stimuliert; aus diesem Grund ist er ein Tip für Künstler, da er ihre Kreativität stimuliert. Manadarinenduft macht redegewandt, und sie werden umschwärmt, er wird darum Leuten empfohlen, die vor einem großen Publikum sprechen müssen.
Mandarine tut nicht nur der Psyche von Kindern, Künstlern oder Sprechern wohl, sondern wirkt sich auch positiv auf die Gesundheit der Frau aus.

MANDEL
lat.: *Prunus dulcis*
engl.: *Almond*, fr.: *Amande*

Mandel schenkt Liebe.

Einfluß auf die Psyche:
Astrologische Zuordnung: Venus, Merkur und Jupiter.
Anwendung: ätherisches Öl, Parfüm und Weihrauch.
Schlüsselwörter: Heilverfahren und Magnetismus, Liebe und Glück.

Der Mandelbaum wird in Asien und den Mittelmeerländern schon seit Jahrhunderten angepflanzt, wie zum Beispiel in Griechenland und Frankreich, da seine Früchte und Samen ein reichhaltiges Öl ergeben. Man unterscheidet zwei Mandelarten: die Bitter- und die Süßmandel. Da Bittermandeln der Gesundheit schaden oder sogar tödlich sein können, wird vor allem die Süßmandel angepflanzt und weiterverarbeitet.
Mandelweihrauch paßt besonders gut zu Personen, die ein negatives Selbstbild haben. Diese Menschen sind verspannt und können ihre Ängste nicht loslassen, weshalb sie sich oft grundlos schuldig fühlen. Der Weihrauch hilft ihnen, eine schwere emotionale Phase zu überstehen, oder eine schwache Aura zu verstärken. Darum wird sowohl das Öl, als auch der Weihrauch bei Heilverfahren und Magnetismus angewendet. Mandel wirkt vitalisierend auf die menschliche Psyche. Die indische Veda-Medizin verwendet Mandelweihrauch auch als Stimulanz des Gedächtnisses. Studenten, oder Leute, die schwere intellektuelle Arbeit leisten müssen, können ihr Arbeitszimmer vor Arbeitsbeginn mit Mandelweihrauch beräuchern.

Das Verbrennen von Mandelweihrauch hält auch Hexerei, Dämonen und schwarze Magie fern.
Die alten Ägypter hatten Mandelkerne auf dem Tisch stehen, um Glück, Geld und Besitz anzuziehen, ein Brauch, der sich bis auf den heutigen Tag erhalten hat.

MASTIX
lat.: *Pistacia lentiscus L.*
engl.: *Mastic*, fr.: *Mastic*

Mastix macht ehrgeizig.

Einfluß auf die Psyche:
Astrologische Zuordnung: Sonne, Merkur und Jupiter.
Anwendung: ätherisches Öl und Weihrauch.
Schlüsselwörter: Hilft Ambitionen zu realisieren, schenkt hellseherische Fähigkeiten.

Der Mastixbaum ist im gesamten Mittelmeerraum von Portugal bis Syrien, auf Zypern und in Griechenland sowie auf den Kanarischen Inseln heimisch.
Im Altertum verwendeten die Ägypter das Gummiharz des Mastixbaums als Weihrauch, und die Juden kauten ihn als Kaugummi. Die weißen bis hellgelben Harztropfen haben etwa die Größe einer Erbse.
Mastix schenkt Kraft und klare Gedanken. Der Duft hilft dabei, Ambitionen und Wünsche zu realisieren. Mastix ist ein typischer Männerduft: das Parfüm unterstützt sie in ihren Ambitionen und schenkt auch männliche Nachkommen. Der Weihrauch hilft bei der Entwicklung hellseherischer Fähigkeiten.

MEKKABALSAM ODER ARABISCHER BALSAM

lat.: *Balsamodendron gileadense* und *Balsamodendron opobalsamum* engl.: *Balm of Gilead, Balm of Mecca* oder *Opoponax*, fr.: *Baume de la Mecque* oder *Opoponax*

Mekkabalsam oder arabischer Balsam tröstet.

Einfluß auf die Psyche:
Astrologische Zuordnung: Mond und Jupiter.
Anwendung: Balsam und Weihrauch.
Schlüsselwörter: Göttliche Kraft und Schutz der Familie.

Mekkabalsam war in der Antike eines der heiligen Balsamöle. Die alten Ägypter importierten Mekkabalsam mit Hilfe der hebräischen Karawanen aus Gilead, Judea und Syrien. Vor allem der Balsam aus der Oase En-Gedi östlich des Toten Meers war berühmt wegen seiner Heilkraft und Schutzwirkung.
Die hebräische Version des Wortes »Balsam« ist Bôsem, die arabische Bâsem. Im jüdischen Talmud spricht man über Aparsamon. Der Weihrauch, der an Myrrhe erinnert, stammt wahrscheinlich aus Somalien und wurde dort Habbak Hadi genannt.
In China verwendete man diesen Weihrauch bei religiösen Zeremonien. Die alten Ägypter verwendeten Mekkabalsam zur Einbalsamierung ihrer Toten. Es war eines ihrer sieben heiligen Balsamöle und eine der sechzehn Ingredienzen des Weihrauchs Kyphi oder Koupit. Sie glaubten, daß Mekkabalsam ein göttlicher Duft sei, der den Kontakt zwischen Gott und den Menschen aufrechterhielt.
Im Mittelalter lernte Westeuropa den Mekkabalsam durch die Mauren kennen, er wurde zu der Zeit aus Alexandria (Ägypten), Kairouan (Tunesien), Palermo (Italien) und Granada (Spanien) importiert. Die maurischen Ärzte schrieben ihm Heilkraft zu.
Den Moslems war es nicht erlaubt, diesen Balsam zu verkaufen: er war ausschließlich für die Kaaba und die Gemächer des Sultans bestimmt. Mekkabalsam ist eine grünliche Gummiharzart mit einem schweren Duft, der oft mit Olibanum verwechselt wird.
Der Balsam wirkt reinigend und desinfizierend. Der Weihrauch entspannt und beruhigt, und macht sogar schläfrig. Im traditionellen Sinn schenkt Mekkabalsam spirituelle und göttliche Kraft und beschützt die Familie vor negativen Gedanken und schwarzer Magie.

MIMOSE

lat.: *Acacia dealbata* und *Acacia floribunda*
engl.: *Mimosa*, fr.: *Mimosa*

Mimose schenkt Selbstvertrauen.

Einfluß auf die Psyche:
Astrologische Zuordnung: Sonne, Mond und Mars.
Anwendung: ätherisches Öl, Parfüm und Weihrauch.
Schlüsselwörter: Aphrodisiakum, schenkt prophetische Träume und eignet sich zu Heilverfahren.

Der Mimosenbaum war ursprünglich im Südosten Australiens heimisch und ist später in Südeuropa verwildert.
Der Duft der Mimose symbolisiert Fortschritt, schenkt Selbstvertrauen und stimmt optimistisch, macht allerdings auch ein wenig exzentrisch. Zu depressiven Menschen, die nicht mehr wissen, wie es weitergehen soll, paßt das Parfüm oder der Weihrauch sehr gut, da der reinigende Duft alle negativen Schwingungen in der Umgebung oder aus der Psyche vertreibt. Das ätherische Öl oder der Weihrauch finden wegen ihres beruhigenden Effekts erfolgreich Anwendung bei Heilverfahren oder Magnetismus.
Mimose stimuliert prophetische Träume. Hat man die Stirn vor dem Schlafengehen mit dem ätherischen Öl eingesalbt, offenbart die Mimose einem sogar das Bildnis des zukünftigen Partners im Traum. Der anregende Weihrauch hingegen gilt als Aphrodisiakum.

MOSCHUS

lat.: *Moschus moschiferus*
engl.: *Musk*, fr.: *Musc*

Moschus schenkt Selbstvertrauen.

Einfluß auf die Psyche:
Astrologische Zuordnung: Venus, Saturn und Uranus.
Anwendung: Parfüm und Weihrauch.
Schlüsselwörter: Betörend, Schutz, Energie und Kraft.

Das Wort »Moschus« leitet sich von dem indischen Wort Muska her. Durch den Einfluß der persischen Sprache ist das Wort später zum griechischen Moskhos verballhornt, und noch später zum lateinischen muscus.
In Indien gilt Moschus als Aphrodisiakum, das im Sanskrit Kasturi genannt wird. Das Öl stammt aus den Drüsen des Moschustieres, einer Art Rentier, das auf den Hochebenen des Himalajagebirges lebt, oder auch von der Biberratte (lat.: Cantor fiber).
Die tibetanischen Ärzte verwendeten Moschusöl vorwiegend zur Bekämpfung und Heilung von Fieber, Augen- und Nierenleiden sowie Krebs. Reines Moschusöl löst Nasenbluten aus, die tibetanischen Ärzte behaupten jedoch, dies übe einen positiven Einfluß auf die Heilung von Krebs aus. Ihrer Meinung nach ist Moschus vor allem zur Heilung von Krankheiten psychischen Ursprungs geeignet. Auch in der indischen Veda-Medizin wird Moschus erfolgreich angewendet. Sie verwendet dieses Öl zur Behandlung von Müdigkeit und Streß infolge psychischer Erschöpfung, da Moschus viel Energie spendet. Ähnlich wie Ginseng stimuliert Moschusöl das Denken. Sobald sich eine Krankheit ankündigt, wird Moschus wegen seiner tonisierenden Wirkung unverzüglich verabreicht.
Die Ärzte der Antike glaubten ebenfalls an die kräftigen Eigenschaften des Moschus. Der griechische Arzt Hippokrates empfahl das Öl zum Beispiel zur Regulierung der Menstruation der Frau. In Rom verbrannte man Moschusöl in Öllampen, zum Verhüllen des unangenehmen Geruchs bei Leichenverbrennungen. Sowohl in Ägypten als auch in Arabien, Griechenland und Rom wurde Moschus bei Heilverfahren und religiösen Riten verwendet.
Moschus hat einen durchdringenden Geruch, der betörend ist und die Willenskraft des Menschen stimuliert. Der Duft schenkt Selbstvertrauen, steigert den Affekt und die Tapferkeit und wirkt magnetisch auf das andere Geschlecht. Moschusöl und Moschusweihrauch werden oft anläßlich eines Bewerbungsgesprächs verwendet, um auf den Arbeitgeber einen guten Eindruck zu machen.
Der bei uns bekannte Moschus ist meistens synthetischer Herkunft oder eine Mischung anderer Öle, da das echte Öl vom Moschustier beinahe unerschwinglich ist, was natürlich ziemlich einleuchtend ist. Der indische Moschusweihrauch enthält keine Stoffe tierlicher Herkunft: dort wird Moschus aus pflanzlichen Ölen wie Bergamotte, Lavendel und Salbei hergestellt. Die meisten Stoffe tierischer Herkunft werden

durch pflanzliche Öle ersetzt, da diese ebenfalls aufreizend und stimulierend auf die menschliche Psyche wirken können.

MYRRHE
lat.: *Commiphora abyssinica, Commiphora schimperie, Commiphora* molmol
engl.: *Myrrh*, fr.: *Myrrhe*

Myrrhe gewinnt mächtige Freunde.

Einfluß auf die Psyche:
Astrologische Zuordnung: Sonne, Mond, Merkur, Mars und Saturn.
Anwendung: ätherisches Öl und Weihrauch.
Schlüsselwörter: Schutz gegen Krankheit, eignet sich für Heilverfahren und bei der Meditation.

Myrrhe gliedert sich in drei wichtige Öle und Weihraucharten: die arabische Myrrhe stammt von der Commiphora abyssinica und Commiphora schimperi. Der Weihrauch der Commiphora Molmol stammt aus Somalien. Myrrhe ist von alters her ein heiliges Öl, das in allen alten Religionen des Mittleren Ostens und Afrikas eine Rolle spielt, es wird in der Bibel erwähnt und genoß bei den alten Ägypter hohes Ansehen.
In Ägypten war Myrrhe der Fruchtbarkeits- und Mondgöttin Isis geweiht. Myrrhe ist in allen Sarkophagen gefunden worden: die Körper der Toten wurden mit diesem Öl einbalsamiert und gesegnet.
In der Bibel gilt Myrrhe als Stimulanz der Liebe und schenkt Freude, Erfolg und Segen. Myrrhe war auch eines der drei Geschenke der Drei Weisen oder Magier aus dem Morgenland: sie brachten dem Jesuskind Gold, Weihrauch und Myrrhe dar. Myrrhe symbolisierte den Willen des Menschen, das Gute anzustreben. In der Antike wurde Myrrhe aus diesem Grund bei Riten verwendet, die die Segnung und den Schutz Gottes gegen das Böse erflehten. Es ist ein typischer Meditationsweihrauch, der von allem Übel befreit. Das Öl wird zum Weihen magischer Instrumente und Talismane verwendet.
Myrrhe hat einen angenehmen Duft, der großen Einfluß auf Nerven und Kreislauf ausübt. Das Öl ist ein Heilmittel bei unregelmäßigem Herzschlag und Nervenleiden wie Stottern. Der Weihrauch stimmt aktiv und heiter und führt zu Einsichten und Altruismus. Myrrhe hilft

Ihnen dabei, schneller mit anderen Menschen in Kontakt zu kommen. Darum assoziiert man dieses Öl oft mit Freundschaftsbanden. Myrrhe wird oft bei Heilverfahren und zum Handauflegen angewendet: das Öl beschützt vor Krankheit und Hexerei.

MYRTE
lat.: *Myrtus communis*
engl.: *Myrtle*, fr.: *Myrthe*

Myrte stimmt optimistisch.

Einfluß auf die Psyche:
Astrologische Zuordnung: Venus, Mars und Neptun.
Anwendung: ätherisches Öl, Parfüm und Weihrauch.
Schlüsselwörter: psychisches Gleichgewicht, Liebe und Fruchtbarkeit.

Myrte ist ein immergrüner dichter Strauch, der im Mittelmeerraum wächst. Wenn man die Zweige knickt, entfaltet sich der aromatische Duft der Myrte. Den Blättern, Blumen und Früchten wird Öl entzogen, das in der Parfümindustrie verwendet wird.
Bei den Griechen war Myrte ein Symbol Aphrodites, der Göttin der Liebe. Da Myrte reinigend wirkt, wurde sie bei griechischen Riten auch den Toten mit ins Grab gegeben.
Myrte war sowohl bei den Juden als auch den Römern beliebt. Die Römer schätzten diese Pflanze als ein Symbol der Ehre, des Ruhms und einer guten Ehe. Die Römer fertigten für Paare, die heiraten wollten, Myrtenkränze an. Auch in der Bibel wird Myrte erwähnt; Bräute trugen Kränze aus Myrtenzweigen. In Mesopotamien mischte man anläßlich bestimmter Reinigungsriten den Weihrauch aus Myrtenholz mit anderen Weihraucharten.
Der Weihrauch fördert das psychische Gleichgewicht und sorgt für eine optimistische Lebensauffassung, und wird außerdem oft zur Meditation verwendet. Myrte hilft auch beim Anziehen von Liebe und Fruchtbarkeit, und verhilft zu einem jugendlichen Aussehen. Myrte sichert den Tapferen Ruhm und Ehre zu.

NARDE
lat.: *Nardostachys jatamansi*
engl.: *Spikenard*, fr.: *Nard Véritable*

Narde zieht Liebe an.

Einfluß auf die Psyche:
Astrologische Zuordnung: Merkur und Venus.
Anwendung: Parfüm und Weihrauch.
Schlüsselwörter: Liebe und Meditation.

Narde war im Altertum schon bei König Salomo bekannt, der das Öl als Mittel zur Stimulanz der Liebe und zur Verschönerung der Haare empfahl. Die griechischen Wörter *Nardos* und *Nardon* kommen wahrscheinlich von dem aramäischen Nerd, das die in Nordindien und Nepal heimische Nardostachys jatamansi andeutete. Die Narde, die in der Bibel und in anderen Überlieferungen aus der Antike erwähnt wird, kann allerdings auch die Valeriana tuberosa L. aus Kreta und dem Mittleren Osten sein. Bei den Römern war die Narde unter dem Namen Nardum celticum oder Lavandula stoechas bekannt, die in den Pyrenäen heimisch ist, es handelt sich hier jedoch um eine andere Pflanze als die indische.
In der Antike wurde die Narde aus Indien importiert. In Neuen Testament berichtet Markus über die Salbung des Jesus in Bethanien. Dort zerbrach eine Frau ein Gefäß aus Alabaster, das sehr kostbares Nardenöl enthielt, und goß Jesus das Öl auf den Kopf, um in zu salben. Dieses Nardenöl wurde durch Destillation gewonnen und stammte wahrscheinlich aus den fernen Indien.
Im alten Rom ließ man das beruhigende Nardenöl in Lampen brennen, beim Abhalten religiöser Riten und während der Meditation.
Heute wird Nardenöl vor allem aus Nepal eingeführt. Der Duft des Öls und des Weihrauchs zieht Liebe und den Schutz höherer Mächte an.

NELKE
lat.: *Dianthus caryophyllus*
engl.: *Carnation*, fr.: *Oeillet*

Nelke spendet Energie.

Einfluß auf die Psyche:
Astrologische Zuordnung: Sonne, Mars, Jupiter und Pluto.
Anwendung: ätherisches Öl, Parfüm und Weihrauch.
Schlüsselwörter: Kraft und Virilität, Heilverfahren und Magnetismus.

In der Antike duftete ganz Kreta im Frühling nach Nelken. Dort hatte man schon bemerkt, das Nelken die Instinkte des Menschen stimulieren. Der Duft wirkt Wunder bei Männern, die Minderwertigkeitskomplexe oder sexuelle Schwierigkeiten haben.
Der Duft spendet Energie und macht widerstandsfähig, und paßt vor allem zu Personen, die nach einem schweren Nervenkrieg oder einer langen Krankheit geschwächt sind. Nelkenweihrauch zieht viel Energie an, und das Verbrennen dieses Weihrauchs empfiehlt sich in Phasen großer Aufregung oder harter Arbeit. Magnetiseure und Heiler sollten diesen Weihrauch wegen seiner schützenden und energiespendenden Eigenschaften anwenden.
Die Nelke ist den Hexen seit alters her als kräftigendes Mittel bekannt, das präventiv wirkt. Auch die Farbe hatte eine Bedeutung: eine rote Nelke paßt zu unsicheren Menschen, die sowohl ihr Aussehen, als auch ihre Wirkung auf andere sehr wichtig finden. Die weiße Nelke hingegen paßt zu Personen, bei denen Glaube und Spiritualität im Mittelpunkt stehen.
Wer völlig erschöpft und mutlos ist und keine Lebensenergie mehr hat, sollte diesen Weihrauch unbedingt ausprobieren!

OLIBANUM (WEIHRAUCH)
lat.: *Boswellia carterii*
engl.: *Frankincense*, fr.: *Huile de Liban, Oliban*

Olibanum beschützt gegen Negativität.

Einfluß auf die Psyche:
Astrologische Zuordnung: Sonne, Mond und Jupiter.
Anwendung: Balsam und Kirchenweihrauch.
Schlüsselwörter: Schutz des Hauses.

Der Weihrauchbaum, aus dem das echte Olibanum gewonnen wird, ist in Ägypten, Somalien und dem östlichen Teil Afrikas heimisch sowie in Indien und insbesondere an der Südküste der Arabischen Halbinsel, am Golf von Aden und im Jemen. Früher wurde dieser Weihrauch überwiegend aus Südarabien eingeführt; gegenwärtig stammt er meistens aus dem Mittleren Osten, Afrika und Indien. Das somalische Olibanum ist am beliebtesten. Die arabische Weihrauchernte wird heute über die arabischen Häfen nach Bombay in Indien ausgeführt und anschließend nach Europa, Amerika und China weitertransportiert...
In Babylonien war Olibanum Astarte geweiht, der Königin des Himmels. Die Karthager opferten der Göttin Tanit Olibanum. In Syrien war dieser Weihrauch der großen Muttergöttin geweiht. In der Bibel wird Olibanum »der heilige Balsam« genannt. Die Juden lernten den Weihrauch in Ägypten kennen und verwendeten ihn bei ihren religiösen Riten. Olibanum war einer der teuersten Weihraucharten des Altertums und darum auch eines der kostbaren Geschenke für das Jesuskind. Die Drei Weisen aus dem Morgenland brachten drei Geschenke dar: Gold symbolisierte Königtum oder das Denken, Myrrhe den Menschen oder den Willen, Gutes zu tun, und Olibanum symbolisierte Heiligkeit, das Gebet zu Gott und den Willen zu Liebe... König Salomo, der berühmte jüdische Weise, war ein leidenschaftlicher Anhänger der Weihrauchopfer, deren Hauptbestandteil Olibanum war. Und in Indien war Olibanum so kostbar, daß die gesamte Ernte dem Gottesdienst im Tempel vorbehalten war.
Das Wort Olibanum leitet sich von dem arabischen Leban her, dessen Übersetzung »weiß wie Milch« lautet. Der Weihrauch wird aus weißen Harztropfen hergestellt, die unter der Rinde des arabischen Weihrauchbaums in den Monaten August und September zur heißesten Tageszeit austreten. Es gibt zwei Olibanumarten: der indische Weihrauch ist das »männliche« Prinzip, der afrikanische das »weibliche«. Das afrikanische Olibanum hat die Form weißgelber Körnchen. Der indische Weihrauch hat die Beschaffenheit halbdurchsichtiger Tropfen, die etwa die Größe einer Bohne haben. Die Bezeichnungen »männlich« und »weiblich« weisen vor allem auf die Qualität hin. In der Antike symbolisierte das

männliche Prinzip Kraft, Perfektion und Schönheit, das weibliche hingegen galt als minderwertig...
Olibanum wurde in der Antike vor allem verbrannt, um den Blutgestank bei Ritualopfern zu mildern. Die Assyrer und die alten Hebräer verwendeten sehr viel Olibanum zum Vertreiben des Ungeziefers aus dem Blut des Opfers.
641 vor Christus wurde die ägyptische Hafenstadt Alexandria ein wichtiger Umschlaghafen für Olibanum. Die Ägypter nannten Olibanum den »göttlichen Duft« und verwendeten ihn als Schutz- und Reinigungsweihrauch ihrer Sarkophage.
Auch die frühen Christen in Rom verwendeten Olibanum, aufgrund seiner reinigenden und antibakteriellen Eigenschaften, in ihren Katakomben oder unterirdischen Begräbnisstätten. Die katholische Kirche verwendet Olibanum bei allen religiösen Zeremonien. Kirchenweihrauch setzt sich zum Beispiel aus Benzoe, Olibanum, Storax, Zucker und Salpeter zusammen.
Der berühmte Magierweihrauch besteht aus Benzoe, Storax, Zucker, Myrrhe, Salpeter, Holzkohle und Olibanum. Schon in der Antike wußte man, daß dieser Duft die menschliche Psyche beeinflußt. Bei den alten Völkern war Olibanum Hauptbestandteil der Weihrauchopfer, da der Duft mystisch und träumerisch stimmt. Im 20. Jahrhundert entdeckte man, daß Olibanumweihrauch während des Verbrennens auf die Gehirnzellen einwirkt und dort eine exaltierende Reaktion hervorruft.
Olibanum paßt vor allem zu Leuten, die sich ständig über etwas ärgern und ihre Mitmenschen kritisieren, was zur Folge hat, daß sie ihre Umgebung »vergiften«. In der Antike verbrannte man Weihrauch zu Ehren der Götter, die Liebe und Sinnlichkeit verkörperten. Olibanum ist faktisch eine Stimulanz der Liebe, er erhöht die Anziehungskraft auf das andere Geschlecht, außerdem macht man sich mit seinem Duft beliebt.
Im Islam wird Olibanum bei Austreibungsriten und zum Schutz gegen den bösen Blick verwendet. Olibanum ist ein reinigender Weihrauch, der auch Schutz gegen negative Gedanken bietet. Der Weihrauch zieht viel Frieden und Harmonie an, vertreibt schlechte und negative Gedanken und reinigt und beschützt das Haus vor bösartigen Einflüsse.
In Anbetracht seiner vielen Qualitäten leuchtet es ein, daß das schutzbietende Olibanum oft zum Weihen von Kerzen, zur Segnung einer

neuen Wohnung oder zur Reinigung nach dem Besuch aggressiver oder übelgesinnter Gäste verwendet wird. Dasselbe gilt für böse Geister und schwarze Magie. Dieser Weihrauch verhilft zu Ekstase und Visionen und reinigt die Aura. Olibanum eignet sich darum hervorragend für Räume, in denen man sich mit Magnetismus oder Heilverfahren, Yoga, Meditation, Magie oder Weissagung beschäftigt.

ORCHIDEE
lat.: *Orchidaceae* (große Vielfalt von Gattungen und Arten)
engl.: *Orchid* fr.: *Orchidée*

Orchidee schenkt Weisheit.

Einfluß auf die Psyche:
Astrologische Zuordnung: Merkur.
Anwendung: Parfüm und Weihrauch.
Schlüsselwörter: Meditation und Konzentration.

Die tropische Orchidee ist in den tropischen Regenwäldern im Amazonasgebiet in Südamerika sowie in Asien heimisch. Auch in Westeuropa kann man noch wildwachsende Orchideen finden.
Die Orchidee ist eine ideale Blume für Intellektuelle: der Duft paßt zu Personen, die sich für Philosophie und Religion interessieren. Das Parfüm oder der Weihrauch stimuliert Besinnung und Entsagung. Die Orchidee hilft dabei, kreative und hellseherische Talente zu entwickeln und stimuliert das Denken. Der Duft wird vor allem bei okkulter Konzentration und magischen Praktiken angewendet. Die Orchidee stärkt das Gedächtnis und die Konzentration während der Arbeit.

PALMAROSA
lat.: *Cymbopogon martini var. motia*
engl.: *Palmarosa*, fr.: *Palmarosa*

Palmarosa mildert die Moral.

Einfluß auf die Psyche:
Astrologische Zuordnung: Venus und Uranus.
Anwendung: Parfüm und Weihrauch.

Schlüsselwörter: intellektuelle Arbeit und Meditation.

Palmarosa ist ein indisches Kraut, ihr schwüler Duft macht uns sympathisch und stimmt uns freundlich. Das Parfüm und der Weihrauch schenken Gemütsruhe und besänftigen die Leidenschaft.

PATCHOULI
lat.: *Pogostemon patchouli*
engl.: *Patchouli*, fr.: *Patchouli*

Patchouli bringt Glück.

Einfluß auf die Psyche:
Astrologische Zuordnung: Sonne, Mond, Mars und Uranus.
Anwendung: Parfüm und Weihrauch.
Schlüsselwörter: Aphrodisiakum, Schutz, Hellsehen und Weissagen.

Patchouli hat einen schwülen und schweren Duft, der beruhigend auf die Psyche wirkt. Es ist ein romantischer Duft und ein typisches Aphrodisiakum, das Männer wie Frauen anzieht. Patchouli läßt Frieden ins Haus einziehen und bremst lärmende Streithähne und Wichtigtuer. Der Duft schenkt Seelenruhe und die Kraft, sein Gleichgewicht in emotionellen und leidenschaftlichen Situationen zu finden. Patchouli zieht gute Geister an und hält Negativität fern. Der Duft hilft bein Ängsten und Depressionen und fördert auch die Konzentration beim Denken. Sowohl das Parfüm als auch der Weihrauch ziehen Glück und ein langes Leben an. Der Weihrauch wird vor allem zur Entwicklung hellseherischer Fähigkeiten verwendet und macht es möglich, die Zukunft mit Tarotkarten oder einer Kristallkugel vorherzusagen.

PLATTERBSE
lat.: *Lathyrus latifolius, Lathyrus odoratus*
engl.: *Sweet pea*, fr.: *Pois de senteur*

Platterbse hilft uns, dem grauen Alltag zu entfliehen.

Einfluß auf die Psyche:
Astrologische Zuordnung: Mond und Jupiter.

Anwendung: ätherisches Öl, Parfüm und Weihrauch.
Schlüsselwörter: ein wirksamer Talisman für Freundschaft und Liebe.

Die Platterbse ist ein Hülsenfrüchtler, die bei den alten Griechen der Antike schon bekannt war. Die Pflanze hat eine reiche Blütenpracht und wohlriechende Blumen und ist in Süd- und Südosteuropa, Kleinasien und Sibirien heimisch.
Der herrliche Duft stimuliert die Phantasie und hilft uns dabei, dem grauen Alltag zu entfliehen.
Die Blüte oder ihr Duft werden meistens als persönlicher Talisman getragen, da die Platterbse Freundschaft und Liebe anzieht, speziell was Ausländer anbelangt...

ROSE
lat.: *Rose centifolia, Rose damascena*
engl.: *Rose*, fr.: *Rose*

Rose schenkt Liebe.

Einfluß auf die Psyche:
Astrologische Zuordnung: Venus.
Anwendung: Parfüm und Weihrauch.
Schlüsselwörter: Liebe und Fruchtbarkeit, Hellsehen und Heilung, Harmonie und Frieden.

Schon in der Antike war die Rose wegen ihrer zarten Schönheit und ihres Dufts berühmt, der die Liebe stimuliert. Es ist nicht verwunderlich, daß die Rose ein Symbol der Aphrodite war, der griechischen Göttin der Liebe.
Das griechische Rhodos galt als die Insel der Rosen. Italien und die Griechischen Inseln waren berühmt wegen ihrer Rosenzucht. Seit der Antike experimentiert man mit Rosen, die zu Rosenwasser, Pomaden und Parfüms verarbeitet werden. Dem berühmten arabischen Astrologen und Arzt Avicenna (10. Jahrhundert nach Christus) gelang es, ätherisches Öl aus der Rose zu destillieren. Mit seiner Erfindung schuf er die Grundlage der modernen Parfümindustrie. Zur Zeit wird Rosenöl in Südfrankreich, Bulgarien und Nordafrika produziert.
Der Rosenduft stimuliert den Geist, das Herz und die Sinnesorgane. Rosen machen gleichmütig und empfindsam. Der Duft verhilft der

Seele zu einer höheren Bewußtseinsebene und ist ein Glücksbringer in der materiellen Welt. Rosen ziehen Frieden und Harmonie an, und schaffen zu Hause und am Arbeitsplatz eine friedliche Atmosphäre. Der Duft ist ein typisches Aphrodisiakum und wird darum oft als Liebesweihrauch angewendet. Rosen beruhigen bei Depressionen und Streß.
Tee und Weihrauch aus Rosen fördern die Heilung und die hellseherischen Fähigkeiten, und stimulieren überdies süße und prophetische Träume.

SAFRAN
lat.: *Crocus sativus*
engl.: *Saffron*, fr.: *Safran*

Safran entspannt.

Einfluß auf die Psyche:
Astrologische Zuordnung: Sonne
Anwendung: Parfüm und Weihrauch.
Schlüsselwörter: Aphrodisiakum, Schutz, Heilung, Hellsehen, Liebe, Glück und Fruchtbarkeit.

Safran war in der Antike sehr beliebt. Sowohl der ägyptische Papyrus Ebers als auch die griechische Ilias sowie das Hohelied des Salomo erwähnen den Safran. In der Bibel wird das Kraut als Mittel zur Stimulanz der Liebe und der Fruchtbarkeit beschrieben. Laut Bibel zieht Safran auch Lebensfreude an.
Libyen und Ägypten waren namhafte Lieferanten guter Qualität. Safran ist schon immer ziemlich kostspielig gewesen, da man etwa 130.000 Blüten des Safrankrokus zur Produktion von 1 kg trockenem Samen nötig hat! Safran wirkt heilkräftig bei Leuten, die unter psychischen Spannungen leiden: meistens haben ihre aktuellen Probleme mit unverarbeiteten Erfahrungen aus der Vergangenheit zu tun, wie mit den Eltern oder einem ehemaligen Partner. Sie müssen ihre Angst überwinden und sich voller Freude ins Leben stürzen.
Safran ist ein Aphrodisiakum. Der Duft stimuliert und entspannt. Der Weihrauch ist empfehlenswert für Menschen, die frigide oder impotent sind.

Safranweihrauch wird auch zur Reinigung und Heilung verwendet. In Griechenland benutzte man Safranöl als Liebesparfüm und zum Einbalsamieren der Toten.
Verwenden Sie den Duft zum Weissagen, oder trinken Sie Safrantee zum Anrufen hellseherischer Bilder.
Safran ist ein christliches Symbol der Nächstenliebe und zieht freundliche und liebevolle Kräfte an. Außerdem ist dieses Gewürz ein berühmter Glücksmagnet.

SANDELHOLZ
lat.: *Santalum album*
engl.: *Sandalwood*, fr.: *Bois de Santal*

Sandelholz schenkt Willenskraft.

Einfluß auf die Psyche:
Astrologische Zuordnung: Sonne, Mond, Venus und Saturn.
Anwendung: ätherisches Öl, Parfüm und Weihrauch.
Schlüsselwörter: leichtes Aphrodisiakum, Heilverfahren, Meditation, Regression und Spiritismus.
Das Wort »Sandelholz« kommt von dem arabischen Sandal. Diese Holzart, die vom Sandelholzbaum stammt, ist in Indien, Indonesien, Sri Lanka, Celebes und Australien heimisch; Indonesien ist eines der wichtigsten Exportländer. Das ätherische Öl des Sandelholzes wird durch Destillation gewonnen. Sandelholzöl ist heilkräftig und wird oft als Salbungsöl angewendet. Man unterscheidet zwei Arten: weißes und rotes Sandelholz. Rotes Sandelholz eignet sich vor allem zum Weihen magischer Instrumente.
Der Weihrauch wird schon seit 4000 Jahren in gottesdienstlichen Zeremonien verwendet. Der japanische Shintoismus, der tibetanische Tantrismus, der Buddhismus sowie der indische Hinduismus verbrennen Weihrauchopfer beim Abhalten religiöser Zeremonien. De Moslems legen Weihrauchbrenner mit Sandelholz zu Füßen ihrer Toten, womit sie ihnen eine friedliche und gute Reise ins Jenseits sichern wollen.
Auch die Bibel erwähnt Sandelholz im Zusammenhang mit König Salomo. Wir lesen, daß unermeßliche Mengen Sandelholz aus Ofir herangeschafft wurden, aus dem der König Möbel für den Tempel und den Königspalast anfertigen ließ.

Sandelholz schenkt ein langes Leben und stärkt die Widerstandsfähigkeit gegen Krankheiten. Der Duft macht ehrgeizig und stärkt den Willen. Der Weihrauch kreiert eine feierliche Atmosphäre, in der der Drang nach Wissen und Meisterschaft im Mittelpunkt stehen. Sandelholz wird darum oft bei Gebeten und zur Meditation verwendet, sowie bei Yoga, Heilverfahren, Regression und Spiritismus. Der Weihrauch eignet sich ferner auch für Séancen.
Sandelholz ist ein leichtes Aphrodisiakum, dessen Duft bei Angst und Depressionen betäubend wirkt. Der Weihrauch schafft eine friedliche und spirituelle Atmosphäre, die die Aussöhnung von Gegnern möglich macht.
Sandelholz hilft, die hellseherischen Fähigkeiten des Menschen zu wecken, und zeigt frühere Inkarnationen im Traum. Der Weihrauch wirkt besonders kräftigend und beschützend und sollte bei allen magischen Praktiken verbrannt werden.

SCHOKOLADE

lat.: *Theobroma cacao L.*
engl.: *Chocolate*, fr.: *Chocolade*

Schokolade versüßt das Leben.
Einfluß auf die Psyche:
Astrologische Zuordnung: Venus.
Anwendung: Weihrauch.
Schlüsselwörter: Vertreibt ungenehme Gedanken und Feindschaft.

Die Kakaobohne ist ursprünglich in Mittelamerika heimisch und wurde später in Afrika und Indien angepflanzt.
Zur Herstellung von Kakaobutter werden die Kakaobohnen einem Gärungsprozeß unterworfen, getrocknet und in kochendes Wasser gelegt oder warm gepreßt.
Schokolade wird aus gerösteten und gemahlenen Kakaobohnen hergestellt. Die Schale der Bohnen enthält Theobromin, ein harntreibender Stoff. Schokolade ist manchmal auch als Weihrauch erhältlich: der Duft beruhigt die Gemüter und vertreibt unangenehme Gedanken und Feindschaft.

STORAX (AMBER)
lat.: *Liquidambar styracillua, Liquidambar orientalis*
engl.: *Storax*, fr.: *Storax*

Storax treibt aus.

Einfluß auf die Psyche:
Astrologische Zuordnung: Sonne Mond und Jupiter.
Anwendung: Balsam und Weihrauch.
Schlüsselwörter: Liebe und Frieden im Haus und Familienkreis, Schutz, Heilung, gute Geister anrufen und schlechte vertreiben.

Amber oder Bernstein wird oft zu Halsketten verarbeitet. Es ist ein schönes, honigfarbenes fossiles Harz, das durch Reibung elektrisch geladen wird und darum verschiedene Stoffe anzieht. Bernstein ist inspirierend und wird in Frankreich, vor allem in der Bretagne, oft in Halsketten für Kinder verarbeitet, weil er Asthma, Keuchhusten und Krupphusten heilen soll.
Ein häufiger Fundort des Bernsteins ist die baltische Küste und das Gebiet um Königsberg herum. Das fossile Harz, von dem hier die Rede ist, stammt von einer Konifere aus der Urzeit, die unseren heutigen Tannen einigermaßen ähnlich war.
In China fertigte man Figuren von Hunden, Vögeln und Fischen aus Bernstein an, die Virilität und Fruchtbarkeit fördern sollten.
Mit Amber (nicht zu verwechseln mit dem Weihrauch aus grauer Ambra, ein Produkt tierischer oder synthetischer Herkunft!) bezeichnen wir flüssigen Amber oder Storax des Amberbaums. Aus diesem Baum wird das duftende Harz oder Storax gewonnen. Die Farbe des durchsichtigen Amberharzes variiert von hellgelb bis orange.
Zu Beginn unserer Zeitrechnung berichtete ein berühmter Geograph über die Gewinnung des Storax oder flüssigen Ambers. In Kleinasien wendete man ein spezielles Verfahren zur Gewinnung des Storax aus dem Amberbaum an: ein Wurm bohrte sich in die Rinde, wodurch erst Sägemehl und dann flüssiges Harz austrat, das sich erhärtete. Man knetete das Sägemehl und das gelbbraune, fettige Gummiharz zu weißen Körnchen, die man als Weihrauch verbrennen konnte. Dieser Weihrauch hat einen süßen, feinen Duft, der an Vanille erinnert und der lange haltbar ist. Der schwarze, bröcklige Storax ist qualitativ schlechter. Es existiert auch ein seltene Art durchsichtiger Weihrauchtropfen, deren Duft an Myrrhe erinnert. Wahrscheinlich war dieser Weihrauch einer

der kostbaren Schätze der Drei Weisen aus dem Morgenland. Die Karawanen aus der Türkei, dem Libanon und Syrien führten die parfümierten Hölzer nach Arabien ein.
Storax heißt auf Arabisch Mî'ah. Der Storax des Amberbaums wird oft mit dem Styrax des Benzoebaums verwechselt (Styrax officinalis L.). Der Liquidamber orientalis oder Amberbaum ist vor allem in Syrien heimisch. Wenn man von Styrax benzoin spricht, meint man damit vor allem die Benzoe aus dem Fernen Osten. Styrax officinalis hingegen stammt vom arabischen Benzoebaum aus dem Mittleren Osten. Die beiden Weihraucharten werden oft miteinander verwechselt, die chemische Zusammensetzung und die Wirkung sind jedoch durchaus dieselbe.
Die alten Ägypter verwendeten dieses Harz zum Einbalsamieren ihrer Toten. In Griechenland war der Weihrauch dem Gott Apollo und der Sonne geweiht. Die alten Hebräer glaubten, daß Storax eine langes Leben schenke und die Fruchtbarkeit und Virilität stimuliere. Der Weihrauch sollte der Familie Liebe und Frieden bringen und ein glückliches Familienleben fördern. In der Antike glaubte man außerdem, daß Storax Nasenbluten stille und schwere Entbindungen lindere.
In den arabischen Ländern des Nahen Ostens wurde Storax Yagh genannt. Das Gummiharz ist eine wichtige Ingredienz des Zibetparfüms, das die Kreuzfahrer aus dem Nahen Osten mitnahmen und am Hof des französischen Königs Heinrich V. einführten.
In der Antike verwendete man Storax zur Vertreibung von Schlangen und zur Reinigung der Atmosphäre von bösen Geistern und Entitäten. Wenn man den Weihrauch während der Abenddämmerung verbrannte, beschützte er in der Nacht vor schwarzer Magie. Storax wurde aus diesem Grunde auch eine der wichtigsten Weihraucharten des Exorzismus.
Storax hilft bei geistiger Erschöpfung und befreit die Aura von negativen Einflüssen. Storax ist heilkräftig, reinigend, entspannend und schutzbietend. Dieser Weihrauch wird vor allem bei Yoga und Meditation empfohlen, da der Duft den Astralkörper auflädt.
Storax beschwört Erscheinungen und Geister, deren wahre Art wir gewöhnlich nicht kennen: dieser Weihrauch zieht gute wie schlechte Entitäten an. Er darf darum nur von spirituell herausragenden und starken Persönlichkeiten verwendet werden, die daran gewöhnt sind, auf die richtige Art und Weise mit Magie und Spiritismus umzugehen.

Storax ist eine der kostspieligsten Weihraucharten, die es gibt. Sein Einfluß verstärkt sich noch, wenn man ihn mit anderen Weihraucharten vermischt.

VANILLE
lat.: *Vanilla planifolia Andr.*
engl.: *Vanilla*, fr.: *Vanille*

Vanille schenkt eine gute Auffassungsgabe.

Einfluß auf die Psyche:
Astrologische Zuordnung: Merkur und Jupiter.
Anwendung: Parfüm und Weihrauch.
Schlüsselwörter: Aphrodisiakum, Liebe und Glück.

Die spanischen Eroberer brachten Vanille etwa 1510 zum ersten Mal aus Amerika nach Europa mit. Vanille ist ursprünglich in Mexiko und Brasilien heimisch. Später wurde auch auf Tahiti, Java und Madagaskar Vanille angepflanzt. Heute wird Vanille vor allem in Malaysia, auf Tahiti, den Antillen, Komoren und Seychellen angebaut.
Der Name der Gattung Vanille kommt von dem spanischen Vainilla, was Schote bedeutet. Die bei uns bekannte Vanille, mit der wir zum Beispiel den Pudding würzen, sind aromatische Früchte in Form einer Schote.
Die Produktion synthetischer Vanille, oder Vanillin, übertrifft heute das Angebot des Naturprodukts.
Vanille hat einen schweren und üppigen Duft, der die psychischen und kreativen Talente des Menschen stimuliert. Der Weihrauch schenkt geistige Kraft und Vitalität, spendet Energie, vertreibt Müdigkeit und lockert die Beine, so daß man Lust auf Rennen bekommt. Vanille zieht Liebe, Glück, Erfolg und geschäftlichen Erfolg an. Die Vanillebohne wird meistens in Liebessachets verwendet.

VEILCHEN
lat.: *Viola odorata*
engl.: *Violet*, fr.: *Violette*

Veilchen macht gute Laune.

Einfluß auf die Psyche:
Astrologische Zuordnung: Venus, Merkur, Jupiter und Saturn.
Anwendung: Parfüm und Weihrauch.
Schlüsselwörter: Aphrodisiakum, Heilverfahren, Glück und ein langes Leben.

Schon in der Antike war das Veilchen beliebt wegen seines köstlichen Dufts. Früher fertigte man Blumenkränze an, die die Kopfschmerzen von Betrunkenen lindern sollten. Arabische Ärzte entdeckten etwas, das die griechischen Mediziner und die mittelalterlichen Kräuterspezialisten noch nicht ergründet hatten, nämlich daß die Wurzel Brechreiz auslöst. Hildegard von Bingen, die berühmte deutsche Kräuterspezialistin, behauptete sogar, daß Veilchen Krebs heilen könnten. Von alters her ist das Veilchen ein okkultes Symbol des Reichs der Dämmerung oder des Grenzgebietes, in dem Traum und Wirklichkeit ineinander überfließen. In Shakespeares *A Midsummer Night's Dream* ist das Veilchen eine der Blumen, zwischen denen sich die Elfenkönigin Titiane gern aufhielt:

> *I know a bank where on the wild thyme blows,*
> *Where oxlips and the nodding violet grows;*
> *Quite over-canopied with luscious woodbine,*
> *With sweet musk-roses, and with eglantine;*
> *There sleeps Titiane sometime on the night,*
> *Lull'd in these flowers with dances and delight.*

Zur Parfümherstellung wird das Veilchen in Frankreich, Italien, Indien und China angebaut. Das lateinische Viola leitet sich von dem griechischen Ione her. Der Name wurzelt in der griechischen Mythologie. Die Kelten verwendeten das Veilchen in Mitteln zur Schönheitspflege und als Schutzkraft gegen das Böse. Später sollte ein großer Feldherr, Napoleon, das Veilchen zum Symbol seines Kaiserreiches machen.

Das Veilchen ist ein Symbol der Demut, jedoch auch der innerlichen Kraft. Für Sachets und Weihrauch werden die Blüten verwendet, die in einem dunklen Raum vorsichtig getrocknet werden müssen. Man trägt die Blüten bei sich, um Glück anzuziehen. Als Badezusatz wirkt dieses Blümchen heilend und schenkt der Psyche und dem Körper Frieden. Ein Liebessachet mit Veilchen versöhnt streitende Liebende, soll verliebt machen und gutgelaunt stimmen... Bei magischen Zeremonien darf die Schutzkraft des Veilchens nicht fehlen. Der Duft des Veilchens macht widerstandsfähig und respektabel, stimmt optimistisch und gefühlvoll. Veilchenweihrauch stimuliert Visionen und Träume und hilft dabei, ihre Botschaft besser zu begreifen.

VETIVER
lat.: *Andropogon muricatus*
engl.: *Vetivert*, fr.: *Vétiver*

Vetiver schenkt Weisheit.

Einfluß auf die Psyche:
Astrologische Zuordnung: Merkur und Uranus.
Anwendung: ätherisches Öl, Parfüm und Weihrauch.
Schlüsselwörter: Gegen Feinde und schwarze Magie.

Vetiver wird aus den Wurzeln einer Grasart gewonnen, die im indischen Kerala heimisch ist. Der Duft wirkt erfrischend und beruhigend auf die Psyche, stärkt die Willenskraft und spendet den Nerven Energie. Vetiver vertreibt melancholische Stimmungen und macht ausgeglichen und klug. Der Weihrauch hält einem Feinde und schwarze Magie vom Leibe. Vetiver ist außerdem ein hervorragendes Desinfektionsmittel und vertreibt Parasiten und Insekten.

WACHOLDERBEERE
lat.: *Juniperus communis*
engl.: *Juniper berry*, fr.: *Baie de génevrier*

Wacholderbeere hilft, die Realität zu akzeptieren.

Einfluß auf die Psyche:
Astrologische Zuordnung: Sonne, Mond und Merkur.
Anwendung: ätherisches Öl und Weihrauch.
Schlüsselwörter: Schutz, Liebe und Unsterblichkeit.

Die Wacholderbeere genoß in der Antike bei den griechischen Philosophen Hippokrates und Aristoteles einen guten Ruf als Heilmittel. Auf der Insel Zypern war die Wacholderbeere der Göttin Aphrodite geweiht. Die bildschöne ägyptische Königin Nofretete hatte Wacholderbeeren auf ihrer Frisierkommode stehen.
Wacholderbeerweihrauch wurde früher zum Anziehen der Liebe und von Geliebten verwendet, auch zur Steigerung der Fruchtbarkeit. Die Bibel erwähnt die Wacholderbeere als Mittel zum Schutz des Hauses gegen negative Gedanken und schwarze Magie.
Eine Mischung aus Benzoe und Wacholderbeere beschützt das Haus vor Dämonen, Hexerei und Diebstahl.
Im ägyptischen Totenritual war die Wacholderbeere der Unsterblichkeit geweiht.
Das Verbrennen der getrockneten Zweige, Blätter und Beeren der Wacholderbeere übt aufgrund der antibakteriellen Wirkung einen heilenden Einfluß auf Krankenzimmer aus. Wacholderbeere ist ein guter Meditationsweihrauch, der außerdem auch zum Entwickeln „paranormaler" und medialer Fähigkeiten dienen kann.

YLANG-YLANG
lat.: *Cananga odorata*
engl.: *Ylang Ylang*, fr.: *Ylang Ylang*

Ylang-Ylang schenkt Selbstvertrauen.

Einfluß auf die Psyche:
Astrologische Zuordnung: Venus, Merkur und Saturn.
Anwendung: ätherisches Öl, Parfüm, Badezusatz und Weihrauch.
Schlüsselwörter: Aphrodisiakum, Heilverfahren und Frieden.

Ylang-Ylang ist eine auf Madagaskar, in tropischen Gebieten Asiens und in Malaysia heimische Baumart. Das ätherische Öl wird nach Europa ausgeführt und in der Parfümindustrie verarbeitet. Die Blüten

duften herrlich, der Duft erinnert an den von Gewürznelken und Hyazinthen.
Ylang-Ylang schenkt Selbstvertrauen, Unruhe läßt langsam nach. Laut einer alten Überlieferung macht dieser Duft den Menschen wißbegierig, und er zieht Freundschaft zwischen Intellektuellen an.
Sowohl der Weihrauch als auch das Parfüm des Ylang-Ylang wirken leicht betäubend, die aphrodisische Wirkung soll Probleme in der Ehe mildern. Ylang-Ylang wird, wegen seiner heilenden und beruhigenden Wirkung, oft als Badeöl verwendet. Mit dem Parfüm fallen Sie bei Bewerbungsgesprächen bestimmt auf, dank der ruhigen Selbstbeherrschung, die Sie ausstrahlen, die wiederum Ihre Chance vergrößert, angenommen zu werden.

ZEDER
lat.: *Cedrus virginiana*
engl.: *Cedar*, fr.: *Cedre*

Zeder macht auf Sie aufmerksam.

Einfluß auf die Psyche:
Astrologische Zuordnung: Sonne, Jupiter und Saturn.
Anwendung: ätherisches Öl, Parfüm und Weihrauch.
Schlüsselwörter: Fruchtbarkeit, Schutz, Reinigung, Macht und Ruhm.

Salomos Tempel war aus Zedern-, Zypressen- und Thujaholz aus dem Libanon erbaut: duftende Holzarten, die mit ihrer Pracht seinen Ruhm akzentuierten.
Im Grab Tutanchamuns fand man ein Weihrauchfäßchen, das kleine, wohlriechende Zedernholzstückchen enthielt. In ägyptischen Sarkophagen wurden sieben heilige Weihrauchdüfte verwendet: Benzoe oder Storax, Galbanum, Mekkabalsam, Myrrhe, Terpentin, Zeder und Zypresse. Der Weihrauch wirkte reinigend während der Einbalsamierung.
Zedernweihrauch wird nach altem Brauch zum Bekämpfen schlechter, erblicher Eigenschaften verwendet sowie zur Förderung des Glücks in der Liebe und eines glücklichen Familienlebens. Zeder macht fruchtbar und beschützt das Haus und die Familie. Der Weihrauch hat einen aphrodisischen, leichten und angenehmen Duft, der bei Ängsten und Depressionen leicht betäubend wirkt.

Von alters her verbrennt man Zedernweihrauch zum Schutz des häuslichen Herds und zur Reinigung von negativen Einflüssen. Laut Herodot verwendeten assyrische Frauen eine Mischung aus Zeder, Zypresse, Olibanum und Wasser als Hautpflegemittel. Horatius empfiehlt denjenigen, die eine Bibliothek besitzen, Zedernweihrauch zu verbrennen zum Vertreiben des Ungeziefers.
Zedernweihrauch war in der Antike bekannt wegen seiner Anziehungskraft für Schutz, Größe, Macht, Schönheit, Reichtum, Ruhm und ein langes Leben. Es war der Duft der Könige und Herrscher. In der Bibel wird die Zeder ebenfalls erwähnt: »Der Gerechte wird wachsen wie ein Palmenbaum, in die Höhe schießen wie eine Zeder aus dem Libanon« (Psalmen, 92:13-16).

ZIMT
lat.: *Cinnamomum zeylanicum*
engl.: *Cinnamon*, fr.: *Cannelle*

Zimt macht siegreich und schenkt Erfolg.

Einfluß auf die Psyche:
Astrologische Zuordnung: Sonne, Mars und Jupiter.
Anwendung: ätherisches Öl, Parfüm und Weihrauch.
Schlüsselwörter: Aphrodisiakum, Schutz, Heilung und Erfolg.

Zimt war ursprünglich in Ceylon, Indien, China und Madagaskar heimisch. Das Aroma entfaltet sich, nachdem die äußere von der inneren Rinde entfernt, und die innere Rinde getrocknet ist. In der Antike war Zimt, je nach Ursprungsland, unter verschiedenen Namen bekannt: Lada war arabischer Zimt; die griechische Dichterin Sappho erwähnt in ihrem Papyrus aus dem 7. Jahrhundert vor Christus Casia (hebräisch: Quesi'âh) oder Kasia (Cinnamomum cassia). Laut dieser Quelle soll Zimt in Arabien, Äthiopien und Somalien heimisch sein.
Zimt wird in der Bibel und in ägyptischen, griechischen und mesopotamischen Rezepturen erwähnt als Stimulanz der Liebe und als Parfüm und Weihrauch zum Segnen. In den indischen Büchern Kamasutra und Gandharva gilt Zimt als Aphrodisiakum. Die Araber brachten den Zimt nach Westeuropa. Sie importierten das duftende Gewürz aus Kairouan (Tunesien), Alexandria (Ägypten), Palermo (Sizilien) und Granada (Spanien).

Zimt hat schon immer eine wichtige Rolle gespielt. Der Duft wirkt inspirierend und vitalisierend sowie heilend bei Schwäche, Melancholie, geistiger Erschöpfung und Depressionen, er macht die Psyche widerstandsfähig und aktiviert sie. Zimt weckt die Leidenschaft des Mannes, und aus diesem Grunde verwenden ihn Frauen oft als Aphrodisiakum. Der Weihrauch macht mutig und tapfer, stärkt den Willen und die Selbstbeherrschung. Aus diesem Grunde wird Zimt in der Bibel Soldaten empfohlen: der Duft schenkt ihnen die Sicherheit, im Kampf zu siegen. Zimtweihrauch wurde in den ägyptischen, griechischen und römischen Tempeln verbrannt, da er Hellsehen und spirituelle Kraft förderte. Darum wird Zimtparfüm oft als ein persönlicher Schutzduft verwendet. Der Weihrauch beschützt vor Unglück und Enttäuschung und zieht unerwartetes Glück und glückliche Momente an. Zimt bringt Glück und Erfolg und sichert materiellen Erfolg. Dieser Duft der Freude und des Erfolgs sollte wegen seiner weihenden und segnenden Wirkung in keinem Hause fehlen!

ZITRONE
lat.: *Citrus limonum*
engl.: *Lemon*, fr.: *Citron*

Zitrone macht selbstsicher.

Einfluß auf die Psyche:
Astrologische Zuordnung: Sonne, Mond und Mars.
Anwendung: ätherisches Öl, Parfüm und Weihrauch.
Schlüsselwörter: Schutz gegen Negativität.

Dank Zitronenweihrauch haben Sie die Dinge im Griff. Dieser Duft stimuliert die Reflexe, die durch ihn schnell und effektiv werden und auf vollen Touren laufen. Zitrone wirkt bei geistiger und intellektueller Ermüdung stärkend und erfrischend, er beruhigt bei Überanstrengung.
Dieser Weihrauch wird seit alters her zum Erflehen des Schutzes positiver Energien im Hause verwendet sowie zum Abwenden von Liebeszauber und Liebesbeschwörungen, und zum Abwehren negativer Gedanken und Kräfte. Medien verbrennen Zitronenweihrauch zum Anrufen der Geister. Schon in der Antike wurde dieser Duft verwendet, um das Böse zu bekämpfen.

ZITRONENGRAS
lat.: *Cymbopogon citratus*
engl.: *Lemongrass*, fr.: *Citronelle*

Zitronengras macht vital.

Einfluß auf die Psyche:
Astrologische Zuordnung: Sonne, Merkur, Venus und Mars.
Anwendung: ätherisches Öl und Weihrauch.
Schlüsselwörter: Liebe und Kraft.

Zitronengras ist eine Grasart, die in Brasilien, Indien, Indonesien und auf Madagaskar heimisch ist. Dieser Weihrauch hat einen männlichen Duft und macht den Benutzer attraktiv und zieht das andere Geschlecht an. Zitronengras stimuliert das Herz und die Sinnlichkeit. Zitronengras macht draufgängerisch und Lust auf Abenteuer. Der Weihrauch wirkt erfrischend auf die menschliche Psyche, schenkt Kraft und Optimismus und macht widerstandsfähig bei Enttäuschungen und Unglück. Medien verwenden ihn oft während spiritistischer Séancen.
Das verwandte Zitronella (Cymbopogon nardus) ist eine Grasart aus tropischen Ländern. Manchmal wird auch das duftende Eisenkraut (Lippia citriodora) aus Chile wegen seines zitronenartigen Duftes Zitronella genannt. Zitronella reinigt das Haus von allen unangenehmen Gerüchen und Negativität und zieht außerdem Liebe und Reinheit an.

ZYPRESSE
lat.: *Cupressus sempervirens*
engl.: *Cypresse*, fr.: *Cyprès*

Zypresse macht siegreich.

Einfluß auf die Psyche:
Astrologische Zuordnung: Mars, Saturn und Pluto.
Anwendung: Räucherholz, ätherisches Öl und Weihrauch.
Schlüsselwörter: Sieg, Unsterblichkeit und Spiritismus.

In Mesopotamien und im Nahen Osten symbolisierte die Zypresse den Lebensbaum. Die Insel Zypern leitet ihren Namen von der Zypresse her, die auf Griechisch Kyparissos oder kurz Kypros heißt. Die Zypresse hat einen königlichen Duft, der an Amber erinnert.

König Salomo verwendete diesen Weihrauch, zusammen mit Zeder und Thuja, zur Verherrlichung Gottes und seines eigenen Ruhms.

Man nannte die Zypresse auch den Baum Plutos, nach dem Gott der Unterwelt oder des Hades. Der Baum hat immergrüne Zweige, eine sich dem Himmel entgegenstreckende Krone und eine melancholische Ausstrahlung. Die Zypresse wurde in Trauerzügen verwendet und in der Nähe von Gräbern und Totendenkmälern gepflanzt. Aufgrund dieser Verbindung zum Tod interpretierte man die Zypresse oft als Unglücksbaum. Die Zypresse hat beim Verbrennen einen angenehmen Duft.

Die Ägypter balsamierten ihre Toten unter anderem mit Zypressenöl ein und verbrannten Zypressenweihrauch wegen seiner antibakteriellen und leicht betäubenden Wirkung. Die Zypresse wurde auch zum Anrufen der Geister verwendet. Das Holz und die Zweige der Zypresse wurden, wegen der segnenden Wirkung und als spirituelle Hilfe für die Lebenden, auf Totenfeiern verbrannt. Die Zypresse hilft bei Ängsten und Depressionen. Der Duft wirkt entspannend und beruhigend auf die Psyche.

In der Bibel wird Zypressenweihrauch zur Reinigung des Hauses von Dämonen empfohlen und zur stärkung der Fruchtbarkeit.

Zypresse weckt die Liebe und stärkt die Virilität. Die Nymphe Kalypso verführte Odysseus im Rauch von Zypressen-, Zedern- und Thujaweihrauch. Den griechischen Helden schenkte die Zypresse Sieg im Kampf und Unsterblichkeit.

Der Baum wurde in Südfrankreich, Italien, auf Korsika und Sardinien, in Spanien, Portugal, den Balkanländern und Nordafrika kultiviert. Sowohl das ätherische Öl als auch der Weihrauch werden bei Heilverfahren und Magnetismus empfohlen, auch zum Schutz, Segnung, Glück und finanziellen Gewinn zu erlangen.

Anhang I

Rezepte

Anhang II

Schlüsselwörter

Index

Orpha Cochie

Pendeln & Edelsteine

Kosmische Kräfte zur persönlichen Stärkung und Orientierung

Schon in sehr jungen Jahren kam die Autorin mit Pendeln in Kontakt. Im Laufe der Jahre wurde das Pendeln zu ihrer 'zweiten Natur'.
In diesem Buch beschreibt Orpha Cochie ihre jahrelange Erfahrung im Pendeln in Kombination mit Edelsteinen. Nach Meinung der Autorinist das Pendeln und das Anwenden von Edelsteinen nicht von-einander zu trennen:
Hier finden Sie eine vollständige Übersicht über die Benutzung und die Anwendung von Edelsteinen und das Arbeiten mit dem Pendel.
Außer 45 der bekanntesten Edelsteine, einschließlich deren Ursprung und Eigenschaften, kommen verschiedenartige Aspekte zur Sprache: Wie man das Pendel richtig führt; das Auspendeln von zum Beispiel Organen, Situationen oder Kontaktmöglichkeiten; welche Fragen man stellen kann, aber auch die Behandlungsmöglichkeiten durch Edelsteine.
Zusammengefaßt ist Pendeln und Edelsteine ein Lehrgang zum praktischen Pendeln, wobei alle relevanten Abschnitte kurz und bündig behandelt werden.

br. 104 Seiten, 14 x 21,5 cm
Mit farbigen Abb.
ISBN 90 76274 010
DM 19,80 SFr 19,00 ÖS 145,00

Ton van Gelder

Energie-Meditationen

Mühelos leben mit der Fließenden Energie

"Energie soll man fühlen können, man muß spüren, wie sie strömt. Es ist sehr wichtig, daß man lernt, die Dynamik und Gesetzmäßigkeit der Energie zu erfahren, und daß man Energien verändern kann. Erst dann kann man die Verbindung zu seinem ursprünglichen Zustand herstellen und ein Leben wählen, das mühelos, selbstverständlich und festlich ist."

Dies sind die Worte des zeitgenössischen Lehrers Ton van Gelder. Er ist Arzt und Heiler sowie eine Kapazität auf dem Gebiet der chinesischen und indischen Medizin, seit zwanzig Jahren leitet er eine Praxis der alternativen Medizin. Er schrieb einige maßgebende Bücher über (Ohr-) Akupunktur und organisiert Trainings, Lehrgänge und Workshops von New York bis Bali. Er bekleidet zahlreiche öffentliche Ämter, unter anderem ist er Leiter des Instituut voor Energetische Geneeskunde (Institut für Energetische Medizin), sowie Dozent und Unterrichtskoordinator der angesehenen Nederlandse Artsen Acupunktuur Vereniging (Akupunkturverband niederländischer Ärtzte) und Vizepräsident der International Association for Auricular Medicin.

Dieses einzigartige Buch erklärt und erläutert alle Fragen im Umgang mit persönlicher Energie, es lehrt Sie, wie Sie an sie herankommen, warum Sie Energie abblocken, und was die Folgen für Ihre Stimmung oder Gesundheit sein können. In diesem Buch hat der Autor eine Synthese der wichtigsten Techniken der indischen und chinesischen Medizin geschaffen, mit deren Hilfe Sie energetische Probleme lösen können.

Diese Texte und Übungen vereinen die besten Aspekte der klassischen, auf das Bewußtsein gerichteten Meditation in Sitzhaltung, und dynamische Meditationsarten, die von der Energie ausgehen.

br. 140 Seiten, 14 x 21,5 cm
Mit zahlr. Abb.
ISBN 90 76274 41X
DM 19,80 SFr 19,00 ÖS 145,00

Erna Droesbeke

Kartenlegen mit Madame Lenormand

Über Madame Lenormand und ihre genaue Wahrsagetechnik ist nur wenig allgemein bekannt. In diesem Buch unternimmt es daher die bekannte Autorin Erna Droesbeke, die einzigartigen und zugleich doch einfachen Methoden des Kartenlegens von Madame Lenormand der Öffentlichkeit darzulegen. Alle 36 Karten werden ausführlich beschrieben, und für jede Karte wird neben dem psychologischen Hintergrund die Zukunftsdeutung behandelt. Für jede Karte führt die Autorin auch Schlüsselwörter an, die es leichtmachen, Karten und insbesondere auch Kartenkombination zu interpretieren.
Darüber hinaus bietet dieses Buch eine Vielzahl von bewährten Legetechniken.
Die Autorin stellt dabei klasssische und neue, selbsterprobte Legemethoden vor.
Kartenlegen mit Madame Lenormand dient nicht nur der Entschlüsselung der Vergangenheit und der Deutung der Zukunft, sondern vielmehr auch der Betrachtung und Klärung von Beziehungen. Mit den sorgfältig ausgearbeiteten Legemustern, den verschiedenen Legetechniken und vielen Beispielen ist dieses Buch eines der vollständigsten Werke über Madame Lenormand und die Kunst des Kartenlegens.

br. 208 Seiten, 14 x 21,5 cm
Mit zahlr. Abb.
ISBN 90 76274 215
DM 24,80 SFr 22,80 ÖS 181,00